智元微库
OPEN MIND

成长也是一种美好

童年不

— L O V E —

缺爱

如何给孩子一生的安全感

心心妈 ☆ 著

人民邮电出版社

北京

图书在版编目（CIP）数据

童年不缺爱：如何给孩子一生的安全感 / 心心妈著
. -- 北京：人民邮电出版社，2020.6（2024.2重印）
ISBN 978-7-115-53963-2

Ⅰ．①童… Ⅱ．①心… Ⅲ．①亲子教育 Ⅳ.
①G781

中国版本图书馆CIP数据核字(2020)第075386号

◆ 著　　　心心妈
　　责任编辑　陈素然
　　责任印制　周昇亮
◆ 人民邮电出版社出版发行　　北京市丰台区成寿寺路 11 号
　邮编 100164　　电子邮件 315@ptpress.com.cn
　网址 https://www.ptpress.com.cn
　涿州市京南印刷厂印刷
◆ 开本：720×960　1/16
　印张：18.75　　　　　　　　2020 年 6 月第 1 版
　字数：185 千字　　　　　　 2024 年 2 月河北第 13 次印刷

定　价：59.80 元

读者服务热线：（010）67630125　印装质量热线：（010）81055316
反盗版热线：（010）81055315
广告经营许可证：京东市监广登字20170147号

目 录

第一章　"看见"孩子，正确回应
　　——孩子出现问题行为，只是因为希望被"看见"

　　作为孩子生命早期最重要的客体，父母如果能真正地、切实地"看见"孩子独特的性格特点、年龄阶段，以及深藏于行为之下的真实需求，就能在孩子发出信号时给予正确的回应。当孩子被"看见"、被理解、被满足时，安全感就形成了。

第四章 | **有效沟通，饱含着爱**

　　——这样沟通，孩子不会抵触

　　当我们用饱含爱的语言与孩子真诚地沟通时，孩子就能感受到安全、踏实，会更有合作的意愿。这样的沟通不仅有效，还会促成亲子间良性的互动循环。

第五章 | **情绪平和，内心安定**

　　——别让自己因为情绪失控伤害孩子

　　一个情绪平和的父母会给孩子传递内心安定的信息，让孩子更有安全感。可要保持情绪平和并不容易，这需要我们在情绪爆发后能及时反思，在感到挫败时学会自我体谅，以及在生活中好好爱自己。

第六章　　**家庭和谐，孩子安心**

　　——让我们一起看清家庭矛盾的本质

　　养育孩子从来不是一个人的事。我们需要和爸爸配合，还要与长辈相处。养育环境的和谐与否，同样影响着孩子安全感的建立。接下来，让我们一起看清家庭矛盾的本质，通过一些方法和技巧与家人处好关系。

享受养育孩子的甜蜜

听东旭说过很多次，项目是个很会教育孩子的妈妈。不过，收到书稿的时候，我还是觉得很惊喜。

我和项目一共见过两次面。第一次见面是东旭在合肥新东方做主管的时候，大概是 7 年前。一天晚上吃饭时，我听东旭说他快结婚了，就突然很想见见项目，这样能让我更好地了解东旭。记得那天，我们是在巢湖边的一家饭庄吃的饭，项目话不多，但是很有礼貌，整个人给我的印象是温和、内敛的。让我印象比较深刻的是"项目"这个名字，这个名字听一次就不会忘。

和项目第二次见面是在云南的一家客栈。当时，我的公司组织部分管理者放空、思考。我将地点选在了朋友的客栈，它坐落于雪山脚下，景色壮丽开阔。东旭大概是觉得这地方太好了，第二天就把项目和孩子都叫来了。还记得篝火晚会的时候，项目抱着心心来和我们打招呼。心心那时候大概 3 岁，见到我时，像只小恐龙一样，调皮地发出"哇"的一声吼叫，想吓唬我。我抬起手，做出恐龙的样子，"回敬"她一声低吼："哇……喔！"

虽然和项目见面的次数不多，但是我知道这些年，她一直非常支持东旭的工作。这几年，东旭从合肥调动去西安，又从西安搬到北京，接受一个又一个更大的挑战。我想这与另一半的支持、家庭的稳定与和谐是分不开的。

通读书稿之后，我才知道这些年项目都做了些什么。她字里行间的叙述、分享，让我看到了一个妈妈的用心，这种用心令我感动！

项目写的这本《童年不缺爱》，围绕她的育儿日常生活，记录了她的一些养育经验与思考。我的两个孩子都大了，这个阶段的养育经历在我的脑海中变得有些模糊。但项目的叙述将我带回了孩子的童年，让我回想起孩子童年时很多美好、有趣的往事，我真想再陪伴他们长大一次！

这本书主要谈的是，父母如何在孩子童年的时候给足孩子爱与安全感。这的确是父母需要学习的最重要的功课之一。

现今，我们常常会看到一些令人痛心的新闻。有些孩子因为学业受挫轻易结束生命；有些孩子遭遇性侵、校园霸凌，却没有选择向最亲近的父母求助。这些问题的根源在很大程度上都可以归结为在童年时期，孩子与父母的亲子关系的质量不高，孩子内心的爱与安全感不充足。

孩子如果在内心确定父母的爱，对父母充满信任，那么在未来的成长道路上，即便遇到了自己难以解决的困扰，也愿意向父母诉说，会主动寻求父母的帮助。

爱与安全感，可以说是孩子生命成长的基石。当基石足够牢固时，孩子便能更安心地探索世界，学习新知，发展自己，实现自我。

童年是一个孩子最依赖父母的时候，也是父母能更好地对孩子施加影响的时候。这时候，如何给足孩子爱与安全感呢?

通读项目的书稿后，我结合自己对教育的理解，总结了三个关键点:站在孩子的角度看问题;父母的积极反思以及和谐家庭氛围的营造。

首先来说说站在孩子的角度看问题。

关于这一点，项目在书中花了大量的笔墨去描述，读者能从中看出她作为母亲细腻的心思。她在书中对儿童心理进行了专业分析，还分享了很多陪孩子玩游戏的方法。她笔下关于自己和心心玩过的游戏的文字非常有画面感，隔着书稿，我们似乎都能听到孩子的欢笑声，感到这股温暖与爱。的确，孩子天生爱游戏。父母参与其中，走进孩子的世界，用孩子喜欢的方式去陪伴他，这不仅是一种高质量的陪伴，更是一种爱的表达。

在本书中，项目也谈到了她对养育孩子的反思。

比如，对孩子发脾气之后，她会认真地剖析自己的情绪来源，以免重蹈覆辙。在养育中，父母的积极反思是非常必要的。我们的观点与想法不都是对的。为人父母，面对孩子时我们站在了相对权威的一方，如果缺少自我反思的能力，就会走向偏执，与孩子的距离也会越来越远。我们勇敢地剖析自己，修炼自己，同样是在给孩子做榜样。

这本书第六章讲到了如何营造和谐的家庭氛围，这一章也让我印象深刻。

现在在大部分的中国家庭，年轻的父母都需要去上班，老人帮忙带孩子便成了家庭的常态。关于年轻父母之间、年轻人与长辈之间如何能更好地配合，如何化解育儿分歧，项目分享了很多经验:比如正确地表达自己，以尊重为前提的沟通，看到老人的需求等。这些都让我看到了她的智慧!

养育孩子是件很辛苦的事，但同时又会带来一段格外甜蜜的时光。相信这本书能给年轻的父母们带来帮助，在辛苦奋斗的当下，更多地享受养育孩子的甜蜜！

俞敏洪

新东方教育科技集团创始人、董事长

父母的爱与付出，是孩子童年最宝贵的养分

夫人项目给我布置了为她的新书做序的任务，并且不断跟盯，向我要结果。于是在一个周末，我来到办公室，在没有项目打扰的情况下，静心完成她交给我的任务。

我叫孙东旭，大学毕业后就在新东方教育科技集团工作。

一开始我在天津工作，后来去了新东方厨师培训学校的总部所在省份安徽，在合肥工作了8年，然后举家去了西安，之后又举家来到了北京。

我在合肥工作的时候认识了来自安庆的姑娘项目。那一年，她刚20岁。转眼间，我们在一起十年了。她还是跟20岁一样青春，我也跟十年前一样成熟。这十年，我们相爱，结婚，生孩子，换城市，搬家。这十年，她一直陪伴着我，温柔地鞭策着我。

我第一次看到"项目"这个名字的时候，目瞪口呆，百思不得其解，心里想着：开什么玩笑，这是人名吗？后来觉得，"项目"挺好的，这就应该是个人名。

我被项目吸引，不仅因为她的外表，还因为她温柔的性格。我的一位

好领导说，她是能让我安静下来的人，这对于我的事业发展非常有好处。我的另一位好领导说，一个情绪平和的妈妈是孩子一生的财富。总之，一个情绪平和、性格温柔的女人，是一个家庭的财富吧！用这个标准衡量，项目除了极其偶尔会出现情绪爆发，在大多数情况下大大超越我的期待。

我工作这些年经历了几次大的工作变动。每在这个时候，我就会按捺住内心的兴奋和对未来的憧憬，对她说："我先去看看，你们不着急过来。"可是项目不接受。她对我非常关心。我到岗新城市后，不到两个星期，她就通过物流带来几十个包裹，风尘仆仆地随我而来。我分不清她是对我的生活不放心，还是对我不放心。总之，被关心的感觉，是温暖的。

项目第一份工作是在外资银行做职员。那家银行有着顶级的品牌、一流的环境、优雅的同事和高端的客户。但是时间久了，项目回家对我说她觉得不太开心。与在新东方教书的我对比，她觉得自己的工作不是那么有意义。在银行工作当然拥有商业上的意义。但是项目是一个喜欢读书的人，是一个单纯的理想主义者。她希望自己的工作不用离商业那么近，而是离内心和精神世界更近。她这名小女子的志向不是那么远大，对于商海沉浮、开疆拓土不感兴趣，当然，实践证明，她也没那么大的能量。

后来我们结婚、生女。她很喜欢小孩。再加上受到父母、我的领导和好友的影响，她意识到养育孩子这件事情的重大意义，在养育孩子过程中的喜悦和从人生角度获得的巨大回报让项目觉得，她应该对此倾注更多心血。加之我工作又比较忙，于是她就选择辞职在家，专心养孩子。

养育孩子当然是一门学问。当家长的门槛如此之低（无须任何学习、培训、考试、验收、评估，生个孩子就行），但是后续的要求又如此之高，所以，太多的年轻父母头疼不已。没有练习的机会，上来就是实战，工作成果就是孩子人生的底色和起点。

项目在自己学习的过程中，发现养育孩子这个领域学问太深了，而且需要科学、系统的知识。如果她自己学习这门学问，那么不仅可以学以致用，还能通过记录与输出心得和大家分享、交流。

所以，在她辞职后规划未来职业发展的时候，我对她说，我觉得她适合做一名作家。当然，当作家是一个终极理想，需要常年的积累和进步。她不以为然，觉得我说话不靠谱。我在家经常感叹，以我丰富的职场阅历和经验积累，指导项目的职业发展，真是绰绰有余。但是我这个"专家"的话，经常被她无视，甚至取笑。可能项目觉得她是我的领导，所以不能轻信我的话吧。

不过，她还是偷偷地开始了写作，并且牢牢地抓住了微信公众号的浪潮，这是一个诞生了一大批百万"粉丝"大号的时代。在这个背景下，项目笔耕不辍，起早贪黑，经过一年多的努力，她的公众号粉丝数就突破了1 000。当然，这只是她六七年前初出茅庐的尝试罢了。但哪怕只有1 000名"粉丝"，也是令人欣喜的。一名用心的作者，每一篇文章都能有稳定的几百名读者阅读。这对于作者就是最大的褒奖。我们不得不感谢这日新月异的时代。

在之后的几年时间里，项目参加了全国线上线下的不少家庭教育讲座、集训、工作坊、实践营，结识了很多学者、专家和共学伙伴。她的理论素养在快速提升。同时，心心和媛媛相继出生，也给了项目大量的实践机会。

项目的这些年，用一句话总结就是，她每天都在学习如何更好地爱孩子，并且努力地实践爱。她结合科学的养育理念将自己的育儿故事和生活点滴记录、分享出来，她的文章广受欢迎！

对于我来说，我最喜欢看项目文章中记录的宝贝们的故事。她用文字把家庭中最生动的瞬间记录下来。与孩子相关的一切，不管是欢笑、泪水，还是成就、挫败，若干年后，都是我们最美好的回忆。

生活不是由时间构成的，而是由事件构成的。事件形成了回忆。

做事情有内在价值和外在价值。内在价值强调事情本身对我们的意义。外在价值强调这件事能给我带来什么其他的意义和结果。

我们太重视外在价值，常常忽略了内在价值。比如孩子上学，孩子上学是为了什么？是为了以后功成名就、飞黄腾达、衣食无忧吗？错！孩子上学本身的内在价值巨大，远远超过高度不确定的未来所蕴含的外在价值。孩子上学的十几年（甚至二十几年），是他们人生最美好的青春年华。在这十几年中，他是否在成长、进步，是否有心流体验，是否真正开心，处在什么环境，和谁在一起，每天有什么样的感受，就是上学本身最大的意义。所以，我们说，孩子要读书思考，要乐于助人，要锻炼身体，要有良好的审美（内外兼修），要通过社会实践感受劳动的意义。在注重学习成绩的同时，更要注重身心的健康发展，不能只要毕业的文凭以及拿文凭换取的高薪工作——那是彻底的本末倒置。

养育孩子也是同样道理。养育孩子是为了什么？是为了内在价值还是外在价值？我认为：内在价值远远高于外在价值。养育孩子不是为了养育若干年后得到的结果。养育孩子本身这个过程，就是人生最宝贵、最丰富、最难忘的体验。想明白这一点，家长们的心态就会开放很多、轻松很多。既然养育孩子就是一段旅程，那么晴空万里是一种气度，阴雨连绵也是一种意境。正所谓"人有悲欢离合，月有阴晴圆缺"。养育孩子有酸甜苦辣。将其中的滋味记录下来，细细品味，复盘反思，是一件很有意义的事儿。

这些年在学习与生活中积极投入，项目的收获是巨大的——两个女儿都和她关系极好。

　　小女儿媛媛不到 2 岁，她出门时别人给了她糖果，她自己不吃，都要留给妈妈，亲自将糖果塞到妈妈嘴里。

大女儿心心向妈妈表达爱的方式就更多了。她时不时给项目做贺卡表白。项目带媛媛睡觉时，心心会独自在客厅听故事，一边听一边给妈妈剥瓜子。她的小手剥起来瓜子并不容易，自己却舍不得吃，要在妈妈醒来时，将自己攒的满满一把的湿漉漉的瓜子仁全给妈妈。最近她又信誓旦旦地跟妈妈说，等她长大了，妈妈老了，要给妈妈买最好的轮椅，整天推着妈妈到处玩！

项目有这样的待遇，真是令我羡慕不已！孩子在妈妈爱的浸润下，精神状态非常好，特别是"浸润"了近 6 年的大女儿心心，精神状态格外好。

大女儿心心在社交上非常热情、主动。接她放学时，我总见她一路上忙不迭地跟小朋友们、老师们打招呼，好像大半个幼儿园的人都是她的熟人。她告诉我谁是她在厕所排队时认识的、谁是她在玩滑梯时认识的、又有谁是她在走路时撞见的。只要遇见，她总会主动上前问别人的名字，交个朋友。她不仅有"泛泛之交"，还有关系格外亲近的密友，所以她很爱上幼儿园。

心心能够给予爱。听项目说，刚开始她给心心零花钱时，心心一连攒了好几个星期都舍不得花。一次偶然的机会，外教老师告诉她，免费赠予小朋友们打卡礼物是因为爱他们。她便用她所有的零花钱给每位老师都买了一小束花。小小的她，也许不懂得如何表达爱吧，但如果老师说礼物就是爱，那她就会照做。

心心也能放心地表达情绪，特别是在妈妈面前。可能她知道，妈妈这儿足够安全、足够接纳。妈妈就是她的安全基地。从安全基地充满电出来的她，又能恢复阳光、激昂的状态！

项目这些年的爱与付出，无疑是孩子们童年最宝贵的养分。相比之下，我个人在家庭上的投入就显得（严重）不足了。虽然孩子还小，但我已经有了很多遗憾。好在项目一直没有放弃我。她几乎每个星期都会对我提出批评和指正，劝我"迷途知返"。我也在用越来越大的决心和越来越强的执行力在朝着她的预期努力。我不觉得所谓的"工作忙"是照顾不好家庭的理由，倒是觉得因为我工作做得不够好，导致没有管理好状态和时间，进而导致投入家庭的时间和精力不足，在家庭中没有得到充分的滋养和放松，带着焦虑和疲惫又回到工作中，于是产生恶性循环，两头亏欠。真正做得好的那些父亲榜样，一定是在工作中井井有条，在家庭中温情款款的。在职场和家庭中的良好状态会互相促进，形成良性循环。这些年，项目、孩子、父母在对我工作的激励上功不可没。我需要把他们对我的爱和激励化为动力。

所以，与我一样需要在育儿和家庭方面改进的男同胞们，我们不需要冠冕堂皇的理由。我们需要直接地对家庭投入更多。

对家庭投入更多之后，我们与孩子的亲子关系会变得更好，会有更多的自我反思，会更感恩养育我们的父母，也更容易找到初心、不忘初心，因为"儿童是成人之父"。

亲爱的读者，感谢你打开这本书。希望多年之后，你能感谢自己在育儿、家庭中投入的点点滴滴。你的投入会绘就孩子人生的底色，成就家庭的幸福感，成为全家人最美的回忆。

孙东旭

新东方教育科技集团副总裁

新东方在线首席执行官

有安全感的孩子，生命的底色都是暖色调

随着人们对精神世界的重视，越来越多的人开始关注"安全感"。很多成人都发现自己的安全感不足，表现在：

长期处于焦虑状态，遇事容易过度担心，常会有一些很悲观的预期；

在关系中，过于在意他人的看法，甚至不惜委屈自己、讨好他人，以求关系的稳定；

在两性关系中，疑心病很重，会耗费很大的精力，去怀疑甚至控制对方；

变得越来越孤僻、内向，不愿与人交往……

安全感不足的人，人际关系的品质以及生活的幸福感都会受到极大的影响，也长期会处于紧张、焦虑、无助、痛苦与绝望等消极的心理状态之中。这其中有一部分人会认为，只要自己足够优秀，就会有更多的安全

感，可最后却发现，获得再多、得到再多都无法弥补内心无法安定与幸福的"黑洞"。

可以说，安全感直接决定了一个人生命的质量。

安全感究竟是什么呢？ 安全感指的是一个人渴望稳定、安全的心理需求，它根植于每个人的童年。

从精神分析的理论来说，个体的安全感是这样产生的：在孩子幼小的时候，父母（尤其是母亲）作为儿童成长过程中重要的客体，如果能够给予孩子足够的、持续的、稳定的、持之以恒、前后一致的爱，孩子就会体验到安全感。

也就是说，所谓安全感，是童年一次次温暖经历叠加后，孩子内心产生的安定感，而妈妈是最早给予孩子安全感的那个人。

因为信任妈妈，所以孩子开始信任整个世界。

因为与妈妈进行爱的互动，所以孩子信任关系，对关系抱有积极的期待。

因为妈妈爱的"示范"，所以孩子拥有爱的能力，同时产生更积极的自我认知，也会拥有更高的价值感。

有安全感的孩子会将"妈妈"放在了心里，内心会感到踏实、有力量，这能帮助他们抵御未来生命旅途中可能遇到的"寒冬"。

而缺乏安全感的孩子，在年龄稍大一些的时候常常会表现为：

要么非常黏人，要么太过独立；

过度追求完美，不能接受失败；

特别乖巧，很小就会察言观色、讨好大人；

在社交过程中胆小退缩，对小朋友多是防备的态度；

非常在乎他人的认可与评价，一旦失去外界反馈，就会变得悲观消极；

孩子攻击性很强，爱打人，外表看起来"强悍"，内心却很脆弱。

当然，需要说明的是，这并不是说，有上述任一行为表现的孩子都会缺乏安全感，行为之下的根源千差万别，有些行为只是孩子的性格使然，有些行为则是孩子成长过程中的一些阶段性问题。

总的来说，缺乏安全感的孩子，对这个世界是缺乏信任的。他们对关系不信任，担心被伤害，担心自己不被爱，担心下一秒就会有坏事发生，而这样的心理状态又会被带入成年的生活中。

有人说，幸福的人一生都被童年治愈，不幸的人一生都在治愈童年。

可以说，培养孩子的安全感，是孩子生命头几年最重要的议题。

这件事如此重要，可关于具体如何培养，一些心理学层面的说法又相对抽象，并不足以让妈妈们明白如何去做。于是，我萌生了写一本书的想法。

这本书合适以下三类人群阅读。

（1）孩子年龄较小的父母。如果你很重视孩子的安全感，却在实操上思路不够清晰，或者你常常会患得患失，担心因为让孩子哭久了、自己上班不能常陪伴在孩子身边、某一次没控制住脾气，等等，孩子会缺乏安全感，那么这本书的实操建议会让你更明确地知道如何去做，你会更踏实、更放松。

（2）欠缺安全感的孩子的父母。如果你发现你的孩子有些欠缺安全感，那么这本书能帮助优化你与孩子的情感联结，增强你对孩子需求的敏感度，提升养育质量，从而补足孩子的安全感。

（3）欠缺安全感的父母。有研究表明，当妈妈缺乏安全感时，孩子更容易欠缺安全感。要想避免这样无意识的代际传递，妈妈在育儿中的反思力与觉察力格外重要。而这本书会帮助你扩大觉察范围，深化觉察深度，给孩子更好的爱，同时，你也会遇见更好的自己！

我之所以有自信来写这么一本书，首先是因为我自己本身就是一名妈妈。在这六年里，我与孩子朝夕相处，我遇到过太多的育儿挑战，体会过当妈的自责与挫败，感受过与家庭成员相处时的无力与困顿。我立足于生活这个巨大的容器中，背负着妈妈的身份，更能设身处地地了解妈妈们的烦恼与困惑。我非常清楚，给足孩子安全感这件事说起来似乎不难，但我们想要在一地鸡毛的现实中安顿好自己、了解孩子、理清思路、真正地让孩子有安全感确实不容易。其次，我是一名专业的家庭教育工作者。这几年，我除了带孩子，还在学习如何更好地带孩子。每年我都会参加大量的线上和线下培训课程，全面、系统地学习家庭教育知识。我将所学专业知识与自己的养育实践相结合，思考和总结出了不少落地的教育方法，将它们分享出来时，也得到了不少妈妈的认同与好评。

在这本书中，我将这些倾囊而出，通过六章内容向大家阐述了如何在日常生活真实的养育互动中培养孩子的安全感。

第一章，"看见"孩子，正确回应。在这一章，我分析了真正的"看见"是什么样的，阻止我们"看见"孩子的常见原因以及正确回应孩子的具体方法。

第二章，懂得孩子，合理给爱。我通过孩子常见的问题行为，向大家"翻译"了孩子的真实需求。通过这一章，大家能看到，我们对孩子大部分自动化的回应模式都是错误的。好父母有时需要"反本能"，学会探究孩子的心理需求，才能合理给爱。

第三章，关注联结，滋养关系。 在这一章，我向大家分享了一些我往"亲子情感账户"存钱的有趣办法，以及如何做到高质量的陪伴的技巧。

第四章，有效沟通，饱含着爱。 在这一章有不少亲子沟通的高效方法，以及让孩子笑着"听话"的案例分享。当沟通顺畅了，我们的爱与教育才能更好地被孩子所接受。

第五章，情绪平和，内心安定。 我会带领大家一起向内看，比起学习控制情绪的办法，我更希望大家能看到自己产生负面情绪的原因，关爱自己，情绪才会更平和，孩子也会更有安全感。

第六章，家庭和谐，孩子安心。 这一章也是本书的特色。现在许多中国家庭都要依靠老人帮忙带孩子，如何应对两代人间的养育冲突，营造和谐家庭氛围，是当代年轻人的成长必修课。

在这本书中，有科学的心理学理论支持，有细致的育儿实践方法，更有我这么多年的思考和个人对生活的反思与总结。之所以能写成这本书，除了我自身的努力与付出，我还要感谢我的家人。你们都是上天给我的礼物！

我要感谢我的公婆与爸妈，在发生家庭矛盾时，你们总能给予我包容，耐心等待我的成长；感谢你们能帮我照顾孩子，让我有时间得以外出学习以及完成本书的写作。

我要感谢心心爸，遇见你之后，我的人生发生了非常积极的、转折性的变化。在我成为全职妈妈之后，你又给予了我非常多的认可与安全感，让我能安心带娃，同时追寻梦想。

我还想感谢心心和媛媛，我的两个女儿，谢谢你们选我当妈妈，是你们带领我看到了人生另一番美丽的风景。你们灿烂无邪的笑容，总让妈妈有无尽动力，想努力一点，再努力一点，来给你们最好的爱。结果一不小心，我就遇到了更好的自己。

除了家人的支持，我还要格外感谢陈素然编辑，是您一次次不厌其烦地看书稿、给我提出修改建议，才让成书更加严谨，更具有可读性。我也要感谢我的老师科恩博士以及这些年支持我成长的简耕团队。谢谢你们，将温暖与爱带到了我的养育实践中，让我知道，没有什么问题是用爱与欢笑化解不了的。当我们激发孩子的"好"时，便能收获更多的"好"；当我们激发孩子的"爱"时，就能得到更多的"爱"。

我希望通过这本书进一步实现我们共同的愿望：让更多的父母可以被支持，让更多的孩子能够被理解。

心心妈

2020 年 4 月于北京

第一章

"看见"孩子，正确回应

——孩子出现问题行为，只是因为希望被"看见"

作为孩子生命早期最重要的客体，父母如果能真正地、切实地"看见"孩子独特的性格特点、年龄阶段，以及深藏于行为之下的真实需求，就能在孩子发出信号时给予正确的回应。当孩子被"看见"、被理解、被满足时，安全感就形成了。

爱孩子就如他所是，而非如我们所愿。

第一节

做到这三点，我们才算真正地"看见"了孩子

早在 100 多年前，意大利教育家蒙台梭利就提出，学会观察儿童是幼儿教师最基本的职业素养。而今，我们又一遍遍强调对孩子进行"高质量陪伴"的重要性。

无论是观察孩子，还是给孩子高质量陪伴，目的都是：希望通过这样的方式，我们能真正地、更好地"看见"孩子、了解孩子。

当一个活生生的小生命站在面前时，我们所说的看见，并不仅仅是看到他这个人而已。我们所说的看见，是我们清空大脑中所有的成见之后，透过孩子，看到他独特的性格特征、年龄阶段，以及其深藏于行为背后的内在需求。

只有看到这三点，我们才能在孩子发出信号时正确地回应他。当孩子被"看见"、被理解、被满足时，他的问题行为就会越来越少，安全感也就此形成。

看见孩子
独特的性格特点

我创建父母读书会、线上育儿群这些年，曾听过父母们各种各样的

担忧：孩子爱整洁，父母担心孩子有强迫症；孩子太活泼，父母担心孩子安静不下来。有时，我还会遇到不同家长完全相反的担忧：孩子爱说话，家长担心孩子不善思考；孩子不爱说话，家长又担心孩子的社交能力不佳……诸如此类，不一而足。

接触这类问题多了，我不禁想，也许父母们的心里都有个"完美性格比"，想要孩子活泼又不失谨慎，随和又有些硬气——其中的比值要符合黄金比例才行。

可这要求太高了，别说孩子，哪怕是大人，能达到这要求的恐怕也是"少之又少"。

其实，每个孩子都有自己独特的性格特征，而父母是否"看见"了孩子，决定了孩子将来能否长成自己本来的美好模样。

纪录片《零零后》拍摄了16个孩子十年的成长光阴，记录了这些孩子的发展变化。在这里面，有两个性格相似的孩子——辰辰与一一。她们俩都性格内向，在上幼儿园时就喜欢独自玩耍，游离在人群之外。

可十年后，两个小女孩的状态却差别很大。13岁的一一能享受和朋友在一起的愉悦，也能从独处中汲取内在的营养，获得成长的力量；而14岁的辰辰却越来越郁郁寡欢，不愿回忆童年，对世界也充满戒备。

这其中的不同，在很大程度上源于站在她们身后的父母。

一一的妈妈从一开始就"看见"了她，认为孩子就是偏"安静型"的性格，很正常。这样的看见与接纳也给一一带来了安全感。

所以在面对摄影师的问题——"为什么你总是一个人玩儿"时，3岁的一一就能笃定又坦然地回答："我就喜欢这样玩儿，每个人都有自己的选择，我有权利这样！"十年后的她，也能客观地欣赏自己："内向的人也有很多优点，比如更安静地思考与沉淀自己。"

相比之下，辰辰的妈妈似乎一直专注于自己脑中那个理想孩子的"模型"，而没有"看见"眼前孩子的真实模样。她认为辰辰是"奇怪"的，总是与人、与团体都保持着距离。辰辰喜欢编程，可妈妈觉得孩子本来就不够灵活，担心孩子学了编程后会越来越呆板。

妈妈想把辰辰装进"模型"中，磨去她"奇怪"的那部分。

可她不知道，当孩子生命中最重要的人——妈妈都无法接纳、看见自己时，孩子也会厌恶自己的"特点"，无法与自己很好地相处；而如果妈妈欣赏孩子、接纳孩子，孩子就会认可自己，将这些"特点"的潜力充分发挥出来，变成自己独特的闪光点。

那么如何做到接纳呢？

首先我们需要懂得与了解——先有一定的知识做储备，再通过日常与孩子的相处，学会观察与判断孩子属于哪种性格类型。

在众多的性格类型分类中，我比较推荐大家参考林文采博士在《心理营养》[①]一书中的分类。她将人的"天生气质"类型分为：乐天型、忧郁型、激进型与冷静型，具体参见表 1-1 四种"天生气质"的典型表现。

表 1-1　四种"天生气质"的典型表现

类型	特点	优点	缺点
A. 乐天型	兴趣广泛 喜欢交谈 温暖热情 享受人生	乐观活泼 把握现在 同情心强 善交朋友	冲动浮躁 半途而废 肤浅脆弱 容易懊悔

---

① 林文采 . 心理营养［M］. 上海：上海社会科学院出版社，2016.

（续表）

类型	特点	优点	缺点
B.忧郁型	深思熟虑 高度敏感 理想主义 追求真善美	细腻敏锐 忠诚可靠 富有天分 深刻透彻	钻牛角尖 犹疑不决 自我中心 悲观被动
C.激进型	意志坚决 注重行动 精力充沛 追求成就	勇敢果断 坚持到底 不畏艰难 自律性强	暴躁易怒 缺乏同情 太过固执 自大自满
D.冷静型	慢条斯理 小心谨慎 温和稳定 追求和谐	容易相处 随遇而安 思考严密 为人宽容	又慢又懒 不易悔悟 不爱表达 冷漠旁观

　　我们可以回想孩子的行为特点，特别是孩子在0~3岁时呈现的特点（这个时候，他们往往比较少受到家长教育及环境的影响），并根据这些特点判断孩子属于哪种"天生气质"。当然，很多孩子并不能被完全归于某一性格类型，他可能还会兼有其他类型的特征，只是程度不一。比如我的大女儿心心，她属于比较典型的乐天型，同时也有少部分的激进型特质。

　　通过这个表格，我们能看到，性格类型没有绝对的优劣之分，每一种性格类型都是一体两面的，有优点也有缺点。了解了这一点，我们就能更好地扬长避短：让孩子充分发挥优势，同时对其"缺点"多一些耐心；不会盲目地将自家孩子的"缺点"与别人家孩子的"优点"相比对，因为我们能看到每个孩子、每个生命个体都是那么的不一样。

　　爱孩子就如他所是，而非如我们所愿。

看到孩子在当下
这个年龄阶段的特点

除了看到孩子的性格特征，为人父母，我们还需要看到孩子在当下这个年龄阶段的特点。

抛开年龄"局限"谈教育，对孩子来说是不公平的。

记得一位美育老师说，她每次做完讲座后，都会面对很多父母的提问。有一次，一位妈妈问，为什么她的孩子画不出圆。她尝试回答了很多可能的原因，但最后发现这个孩子才两岁多，顿时觉得之前的回答都是没必要的。从那以后，她便学"聪明"了，在回答任何问题之前，她都会先去了解孩子多大，具体是什么情况。

对于这一点，我深有同感。

我经常遇到父母们的提问：为什么我 2 岁的孩子不能安安静静、规规矩矩地坐在餐椅上吃完一顿饭？为什么我 4 岁的孩子没办法好好控制自己的情绪？

为什么呢？就因为他们只有 2 岁、只有 4 岁啊。

从这个角度来说，孙瑞雪老师的《捕捉儿童敏感期》[①]一书实在贡献巨大。她用一个个真实、具体的案例向我们说明，孩子会经历空间敏感期、规矩敏感期、秽语敏感期……这本书让看过的父母们不再焦虑，不再着急"纠正"孩子的行为，而是能真正"看见"孩子不同成长阶段的特点。

---

① 孙瑞雪.捕捉儿童敏感期［M］.北京：中国妇女出版社，2013.

除此之外，我还建议父母们读一读汇集耶鲁大学 40 年研究成果的阶梯教养丛书——《你的 N 岁孩子》① 系列书。这套丛书按年龄段分册，从 1~14 岁一应俱全。书的内容通俗易懂，不仅能让我们清晰地了解孩子在当下年龄阶段的各项能力发展与"局限"，还有相应的父母养育注意事项。

其实很多时候，我们对孩子生气，我们下定决心要"纠正"孩子的"过分"行为，都源于没有"看见"。这时，不妨问自己一句："他的行为符合他当下年龄阶段的特点吗？"

答案多半都是肯定的。有了这个"看见"，我们就会发现，对于很多事情，孩子并不是"不想做"，而是"做不到"。

是的，他不是不想安静地坐好吃饭，而是 2 岁的他还没有这份自控力；他也不是故意要这样宣泄情绪，只是 4 岁的他还没有太多与负面情绪相处的经验。

有了这个转念，我们就能从纠正、责备孩子，转向去支持、帮助孩子，也会让自己的期望更合理化。

看见孩子
行为背后的内在需求

最后，我想和大家聊一聊"看见孩子行为背后的内在需求"。

当孩子还是小婴儿时，大部分的妈妈都能准确地分辨孩子不同哭声背后的不同需求：什么样的哭声是在表达渴了、饿了；什么样的哭声是因为

---

① ［美］路易丝·埃姆斯，弗兰西斯·伊尔克，卡罗尔·哈柏.你的 N 岁孩子［M］.北京：北京联合出版社，2018.

摔疼了；什么样的又是在闹觉了。可孩子大了之后，我们却常常忘记通过行为判断他们的需求。

心心是个有些特别的小女孩，她不喜欢公主，喜欢超级英雄。在4岁前，她从不穿裙子，每天都要穿着极其宽松舒适的衣服爬上爬下。

对于这一点，我是接纳的。她爱怎样就怎样吧！我给她买裤子，给她置办钢铁侠、蜘蛛侠、奥特曼、霸王龙、孙悟空等英雄形象的服装和装备，陪她玩奥特曼打小怪兽的游戏。当然，在游戏中，我永远会扮演一见奥特曼就怕到发抖的小怪兽。

在这期间，有朋友提醒过我，要给心心进行"性别教育"，尽早纠正；也有朋友好心告诉我，穿衣搭配的美感对于小女孩很重要，我要从现在开始就对她进行熏陶。

是的，他们的说法都没错。可我还是不想改变她。因为我知道，在这些行为和喜好之后，藏着心心内心的一种向往——她想成为一个很厉害的人。

小小的她，对现实生活的掌控感很弱。可换上超级英雄的服装后，她似乎就有了无人能及的能量，能扬善除恶、威力无穷。

这种纯粹的渴望与向往，是一种多么积极的生命能量啊！

小时候的她，以为若要成为一个厉害的人，只要换上超级英雄的服装就好；长大后，她或许会渐渐发现，成为一个厉害的人，是要达成大环境给她的期待，考个好大学、找份好工作；再大一些，也许她又会发现，做自己喜欢且擅长的事情，活成自己满意的模样，才是最厉害的。

这就是生命的历程。我并不想在这其中阻止什么。

可事实证明，哪怕我什么都不做，孩子还是会改变的。在 4 岁多的某一天，心心突然要求："妈妈，我要穿裙子，要留长发、扎小辫。"

于是我欢天喜地打开淘宝，这才体验到尽情打扮女儿的快乐。从这以后，她开始关注穿衣搭配，对每天夹什么发夹、梳什么发型都有自己的想法。我也顺势与她交流怎样搭配更有美感。

4 岁后的心心之所以在行为上有如此大的转变，归根结底是她的需求发生了变化——在进入幼儿园这个大集体之后，她意识到男生与女生性别上的差异，她想在"女生小团体"中得到更多的认同；同时，在与女生小朋友玩耍的过程中，她天性中对"美"的向往也被自然地激发了出来。所以，她这时候的爱美，是出于对团体归属感的需要，以及对审美的需要。

一个人的行为总是密切地连接着他的内在观念、想法与需求。当我们认为孩子的行为出问题了，就好比看见机器亮起了故障指示灯。面对机器，我们不会粗暴地拔掉指示灯，让它不再提醒，假装它仍没出故障，而是会仔细排查机器到底哪里出了问题。遇到孩子的问题行为时，我们也不该只盯着问题行为本身下功夫，而是需要走近一点，再深入地想一想：孩子这么做，表达的内在需求是什么？

更深一步地思考，是每一位好父母都应内化于心的好习惯。当我们习惯在需求上下功夫时，我们就会发现，孩子的问题行为越来越少，我们原本的焦虑也能自然转化为有效的行动去支持孩子的成长。

当我们总这样一次次正确地回应孩子、支持孩子时，孩子也会越来越有安全感！

第二节
孩子哭闹时，父母毫无回应会把孩子逼入绝境

2019 年 4 月，一名 27 岁的妈妈带着三个孩子跳河溺亡的新闻让所有人都痛心不已。这位母亲是有多么绝望，才下得了这么大的决心，带着三个孩子一起走啊！

她在遗书上写道：

> 我不是一时冲动，因为我真的承受不住了。
>
> 这几年来，我真的每天都处在崩溃的边缘。曾经无数时候，我都想自己一个人离开算了。
>
> 尽管这样，没有谁真正体谅过我。
>
> 每次有什么事，都是我一个人的责任。
>
> 我们的存在给每个人都造成了负担……每个人都辛苦……

我不敢妄加揣测，但从字里行间以及后续的综合报道中，还是能想象她生前的生活：一个非常年轻的妈妈，每天围着三个孩子转，睡不好觉，为生病的孩子忧心、烦神。哪怕这样，她还是会遭受身边人的质疑：为什么你带的孩子总生病？

也许其间也有"好心"的劝告："当妈都是这样过来的，谁都不容

易……""我们也很辛苦,不只是你……"

我相信,在选择这最后一条路之前,她一定努力寻求过其他的帮助,比如:寻求别人对她深深的理解或关心。但也许最终,她尝试之后得出了这个结论——没有谁真正体谅过我。

她承受了巨大的苦楚、委屈和精神压力,但没有人真正地"看见"、理解或体谅过她,于是她只能用这种极端的方式发出呐喊——是不是只有我死了,你们才知道我有多绝望?

丈夫得知消息赶来后捶地痛哭、伤心欲绝。是的,妻子的绝望,这次他痛彻心扉地感受到了。可惜,逝者已逝。

有心理学家认为,生而为人,我们都有两个最基本的诉求:活出自我,以及在人际关系中被对方看见。曾经,我们向这个世界发出过无数次渴求的呼喊,可如果得到的都是被忽略、被否定,我们就会倾向于封闭自我,乃至陷入绝望。

有人说,现在的人心理素质太差了。我不这么认为。或许只是因为她得到的爱与理解真的太少了,少得可怜。

在人际关系中,
我们都渴望被"看见"

生活中,因为没被至爱之人"看见"、理解,于是不断用负面行为表达自己想法的事情也常常发生。最常见的就是夫妻吵架,有时女人气得失眠,男人却倒头大睡,最后往往就会演变成长时间的"冷战",或是女人气到离家出走。

这就是没被"看见"和理解时,希望借助"更严重的行为"来表达自己的委屈与难过。

其实，孩子也一样。可通常，类似的事情发生在孩子身上时，我们却很难感同身受。

记得一次，我去朋友家玩，他儿子刚回到家就开始发脾气，哭丧着脸，又捶桌子又扔玩具。这一幕正好被爷爷撞见。爷爷过去就劈头盖脸地责备孩子："你干什么啊？发什么脾气？我看你这孩子现在脾气是越来越大了！"

孩子听到责备，越发生气，瞪着小眼睛怒气冲冲地看着爷爷。妈妈见儿子这样没礼貌，也开始训斥起来。最终，最初一个小小的不良举动，发展到了孩子气得用头撞墙。

你说他不知道疼吗？他当然知道，可他心里的痛远比肉体的痛更加强烈。所以他用这样的行为表达："我很生气，我很委屈，请你们不要再骂我了！"

通过询问和倾听
看到孩子发脾气的原因

看到孩子这样歇斯底里地发泄情绪，很多时候，我们会做出评判：这个孩子的坏脾气真是无可救药，我必须好好纠正他！要不长大了更是没法管！

可所有的情绪都有来路，哪怕它的来路在你看来不可理喻。

细想一下，孩子最开始发脾气的原因是什么呢？

回到刚刚的故事，爷爷阻止了男孩继续伤害自己，可男孩已哽咽地说不出话来。我在一边轻声问："你刚刚回家为什么不开心？发生了什么事让你这么生气？"

他抹抹眼泪，一边抽泣一边断断续续地说："我和球球玩……他的玩具坏了……他偏说是我弄的……可我没有！球球的妈妈还过来说我……可我真的没有！"说到这里，他伤心地大哭起来。

在一边的朋友恍然大悟，语气也变得关切起来，但还是带着一丝责备："那你应该一开始就告诉我们啊！你什么都不说，就在那里捶桌子、扔玩具，这样对吗？"

是啊，这就是我们常常不能对孩子感同身受的原因。孩子并不是缩小版的成人。相对于用语言清晰地表达自己的情绪，他们更习惯直接将情绪诉诸行动。在父母面前，他们没有那么多的话语权，还没来得及为自己辩解，就淹没在大人的责备与教导中。他们愿意在我们面前表露更多的负面情绪，而非在别人面前，那是因为他们更信任我们。

可遗憾的是，我们未必懂他们。有时，就好像两个说不同语言的人在一起交流，本来就困难重重了，可能力更强的人还偏偏要求能力弱的人来学会自己的语言。

这时候，不妨让我们俯下身，试图去理解这个孩子吧！

询问和倾听是一种应对这种情境的办法，这需要我们绕过现象看到背后可能存在的原因。当我们做这个动作时，我们就能"看见"孩子、理解孩子，孩子也就没有必要继续用负面行为表达自己的想法了。

通过反映性回应
向孩子传递"我试图理解你"的信息

除此之外，我们在面对这种情境时还可以应用一种办法，它也是儿童游戏治疗中被广泛应用的一种技术，叫作"反映性回应"。注意，是"反映"，而不是"反应"。

反映的意思是，我们要像一面镜子一样照见孩子的所有。具体来说，我们可以用语言来反映孩子的行为、想法、需求、愿望以及情绪。

比如：

你看起来很生气，你踹桌子，又扔玩具，你的眼圈都红了；

你很想吃糖，我的拒绝让你感到很难过，还有点无助；

你笑得很开心，我猜你今天在幼儿园过得很不错；

……

当我们这样说时，孩子多半就感受到自己被"看见"、被理解了。即使我们说错了、猜错了，那也没关系，孩子会主动纠正我们。关键是，我们的姿态在向他传递：我试图理解你，我很在乎你！

在儿童游戏治疗中，游戏治疗师会大量地使用"反映性回应"技术描述孩子玩游戏时的动作、孩子可能的想法及情绪，等等。这样全身心地、投入地关注孩子的一切，本身就是对孩子内心的滋养与疗愈。在日常生活中，我们也可以经常使用这种技术。

电影《找到你》的片尾跳出的一段字幕，让我印象深刻。影片中，怀孕的保姆孙芳坐在自家院子的长椅上，一边温柔地抚摸着肚子，一边轻声对着胎儿说："孩子，妈妈要把最好最好的都给你！"抬起头，她眼神安定，对未来怀抱着无限憧憬……

这大概是每位母亲的心声。

可我时常想，世间美好的东西那么多，究竟什么才是"最好最好的"？

如果回到孩子的两大基本诉求来看，这个问题就有解了。那就是，作为你的母亲，我全然地看见你，尽我所能地理解你，然后不带任何预设地支持你，让你活出自己最想要的人生！

第三节
是什么阻挡了我们"看见"、理解孩子

上一篇文章阐释了一个道理：**"看见"、理解，即爱与疗愈。**

一个受了委屈回家发脾气的孩子，如果能被"看见"，那他不仅能在这个过程中感受到父母的包容与爱，还能通过这件事了解自己、了解情绪，甚至能从中学到更好地处理问题、处理情绪的方式。

是的，当孩子被"看见"时，他就会以自我提升，而非无助或者自暴自弃的方式来做事。

这个道理看起来一目了然，可在生活中实践起来却很不容易，因为常常存在以下三种情况，它们会阻挡我们"看见"、理解孩子。

警惕投射
"眼镜"之外，才是真实的世界

第一种情况在心理学上叫作"投射"。

"投射"会让人们戴上一副"有色眼镜"。这副"眼镜"上映着我们一路走来形成的思想、态度、愿望、情绪、性格，等等。

透过它看世界，任何人或事物都会被"印"上它的底色。而"眼镜"之外，才是真实的世界。

这么说可能有些抽象。用我自己的例子来说明吧！

有一次，婆婆烙了好吃的韭菜饼。餐桌上，我对婆婆说，自己正处于哺乳期，不能多吃，因为韭菜具有回奶的作用。

当天下午，婆婆突然来到我房间，皱着眉头，大声问我："谁告诉你吃韭菜回奶的？"

基于她当时的语气和表情，我第一反应就是她在质问我，我感觉自己被质疑了，这让我不太舒服。

于是，我的回复中也有了为自己辩解的味道，我回答："我听朋友说的，然后'百度'了一下，发现可能是那样的。"

婆婆听我说完，转身就离开了。接着，我听见她通过微信语音小心地提醒她朋友："我才知道，韭菜可能会有回奶的作用，你一定要注意，不要给你儿媳妇吃！"

这件事很触动我，我头一次真切地发现，那些我认为正确的并不一定就是事情的真相。我认为婆婆在质疑我，这只是我的投射。因为在我以往的经验里，这种语气和表情通常就代表着——"我觉得你在瞎说"。而事实并非如此，她只是在向我确认这件事。

生活中，处在人际关系中的我们常常互相投射，也因此产生了不少误会。我们与孩子之间也一样，不经意的投射会阻止我们"看见"、理解真实的他们。

大家熟知的那句话——"有一种冷，叫作奶奶觉得你冷"，就是投射的一种体现。有孩子的都知道，这并非仅是一句玩笑话，而是生活中普遍发生的情况。

老年人随着年纪增长，血液循环和能量系统机能都在减弱，产生不了足够的热量，所以经常感觉寒冷。孩子却相反，他们的新陈代谢较快，产生的热量较多，多数时候，他们是怕热的。但老人看孩子穿得少，就会忍不住地投射自己的感受，觉得孩子也冷。

当然，年轻的父母们也会经常性投射。

我有一个朋友，在育儿这件事上可以说是游刃有余。她儿子的情商、认知、专注力、运动等各项能力都发展得很好。但朋友很担心孩子将来会学不好数学。

可孩子现在才在上幼儿园，还没开始学习数学呢。细问之下，我才知道，原来她自己在学生时代总学不好数学，所以她就不自觉地将这种担心、没把握投射给了孩子。

关于这种投射的例子还有很多，比如：

在有重男轻女观念的家庭中长大的妈妈，在小儿子出生之后，就会不自觉地对大女儿感到愧疚。她会过度补偿大女儿，甚至达到溺爱的程度。

小时候难以得到某样东西的妈妈，会主动给自己的孩子买很多东西。她认为自己这样做，孩子就会更幸福。

……

可这些，只是童年的他们想要的，并非眼前的孩子需要的。

有心理学家认为，投射是认知边界不清的结果：过度投射的人分不清哪些是你的、哪些是我的。

那么，如何避免这副"有色眼镜"影响我们呢？我们可以从以下两个方面做起。

（1）在为孩子某个问题担忧时，可以练习反转思考

比如，当我们总是担忧孩子的数学能力差时，不妨先觉察到自己的这个想法，并问问自己："究竟是孩子的数学能力差，还是我自己数学能力差？"

如果我们意识到自己数学能力的确很差，孩子的数学能力也确确实实不强时，可以再深入地问自己："有没有可能是我不断地投射这层信息，让孩子在不知不觉中认同这层信息了呢？"

如果有这种可能性的话，那么就先收回自己的那部分投射，尝试放下自己对孩子已有的认识，从头开始去了解孩子更多吧。

（2）重视孩子的反馈

当孩子说"我不冷"，当孩子表达"我很喜欢弟弟，并没有不开心"时，我们应试着相信他！

若我们没法做到完全地相信，那么最起码给孩子一段时间，在这段时间范围内，试着观察孩子不按我们的想法行事时，到底会发生什么。

这个过程，就是放下我们心中固执的成见的过程，也是练习"看见"孩子的过程。

警惕理性评判
多观察和反思自己的想法

第二种情况是，我们头脑中充满太多基于理性的评判。这会切断我们

对孩子的爱与"看见"，让我们错失理解孩子的好机会。

心心 2 岁多时，我曾带她去朋友家玩。朋友家的孩子在玩的过程中，不小心从沙发上摔下来，磕到了头，当场就哇哇大哭起来。

心心和另一个小朋友安安马上围了过去。看到小伙伴这么伤心，他们有点儿手足无措。

忽然，非常突兀地，心心对着受伤的小伙伴大笑起来，而且还笑得特别大声与夸张。一旁的安安见心心笑，也大笑起来。

大家想象一下就能体会到当时的氛围有多怪：一个哭到哽咽的孩子，面对着两个笑到不行的小伙伴。我们都觉得好尴尬。

安安的爸爸见状立马训斥安安："别人哭的时候，你怎么能笑？太没有礼貌了！不准笑！你跟我过来！"

他拉走安安，我也赶紧把心心叫过来。但我很好奇她为什么会做出那样的行为，于是多问了一句为什么。

心心奶声奶气、不紧不慢地说道："妈妈，她看见我笑了，她也会笑！所以我要笑得很开心！"说着，她还担心地瞥了一眼受伤的小伙伴。

小孩子的逻辑竟然这么无厘头！

我一方面被她的逻辑所"折服"，另一方面庆幸自己没有因执着于脑中那些理性的想法而冤枉了她的一片好心。

于是，我先肯定了她，再向她解释这种做法非但不能让人好受，相反，还会让对方更加伤心。最后在我的鼓励下，心心上前拥抱了受伤的小伙伴。

生活中，这样的情况还有很多。我并不是每一次都能怀揣着无限的耐心去观察、了解孩子。在上面的育儿案例中，我采取了正确的做法，所以一直记得特别清楚。实际上，我也会经常采用理性思维进行判断。我观察到，这时候，我们脱口而出的话语中总是包含着"应该"，比如：

> 今天你都已经玩了这么多好玩的，还跟我闹，你应该开心才对。
>
> 这个滑梯又不是很高，你不应该害怕啊！
>
> 在这件事上，你真不应该哭，哭了就是无理取闹了！你又没提前说你要按电梯，这还能怪我吗？
>
> ……

怎么样？这些话听着很耳熟吧？大人总是忍不住对孩子的各种行为进行好坏评判。当然，这不能完全怪我们，生活中是需要这些评判的，我们也是因为接受、理解了这些判断，从而成长并且社会化的。

完全不做理性判断于我们来说是不可能的。但我们可以从以下两方面尝试做出改变。

（1）判断之前，先观察和审视自己的想法

> 孩子开心地玩了一天，却在回家路上哭闹。他是为结束游戏而伤心，还是因为太困了而烦躁呢？
>
> 为什么孩子这么害怕这个滑梯？是以前摔过吗？还是"我很希望他能爬上去"让他觉得有压力？
>
> 没按着电梯就哭得这么凶，这孩子是不是进入了秩序敏感期啊？
>
> ……

当我们这么想时，我们就在开始尝试理解孩子了。如果我们再将这些想法说出来并与孩子确认，孩子的负面情绪就能消散不少。

（2）睡前反思，寻求更好的回应方式

上面所说的是一种理想情况，或者说是一种经常练习之后所能达到的状态。最开始时，我们往往容易被当时的情境裹挟，未经思考就做出反应。

发现了这一点之后，我养成了每晚睡觉之前对一天的经历进行反思的习惯。特别是在那些引发了我和孩子的矛盾的地方，我会反复琢磨孩子的心思，并思考下一次遇到这种情况时，我应该如何做出更好的回应。

这样的刻意练习，让我在遇到相似情境时觉察力提高了不少，对孩子的评判也减少了很多。

同理心不足
用双向视角理解孩子

第三种情况是，同理心不足。这会影响我们对孩子的"看见"和理解。

闺蜜家的孩子是校足球队的成员。她的孩子很喜欢这项运动，而且越踢越好，参加了不少专业级比赛。

周末休息时，闺蜜的日常安排就是陪孩子打比赛，有时一天就要参加两场。孩子辛苦是肯定的，但好在他喜欢，也愿意坚持。

有一周见到闺蜜时，她对我感叹："在这条路上，越往上走，家长们的得失心就越重。"在前几天参加的一场比赛中，孩子们都特别

卖力，团队配合也很好。可下场时，有个妈妈冲上前去，对着自家孩子拳打脚踢。孩子的汗水浸湿了衣服，豆大的汗珠还清晰地挂在脸上。只听这妈妈一边打一边骂："一个球都没有进！你还要不要脸了？我就问你：你丢不丢人？"

听妈妈这么说，男孩的眼圈一下子红了，汗水和泪水混在一起，辨别不清。

闺蜜心疼极了，见小男孩那么委屈，她都想哭了。她赶紧上前试图拦住男孩妈妈，可怎么都阻挡不住那个妈妈对孩子发了疯般发怒。

这个妈妈之所以这么愤怒，是因为觉得孩子没进球丢了自己的面子。她有没有面子这件事很重要，重要到阻挡了她的视线，让她没法"看见"孩子已拼尽全力、汗流浃背。

在这个例子中，妈妈缺乏同理心是显而易见的。生活中，这样的事很多，只是大部分时候，我们并没有觉察到而已。比如：

一个总是催促孩子的家长，眼里多半只有自己的待办事项清单与严苛的时间表，她看不到孩子需要有自己放空的时间，也看不到孩子有自己做事的节奏。

一个因为孩子偷偷玩手机而勃然大怒的家长，多半是忘了自己青春期时也干过同样的事，于是沉浸在做家长的失控与无力感中无法自拔。

一个因为孩子读不对英语单词而气到要"吐血"的家长，差不多也记不起自己曾经学英语时为了帮助记忆，还在单词表一侧密密麻麻地标注过各式各样的中文谐音字。

……

说这些，我并不是想表达，对于孩子，我们就要无限理解、放任自流。我只是想提醒自己，也提醒大家："别让两个人的沟通只剩下一个人的声音"。

这种双向的视角对于维持健康的关系格外重要。当我们与孩子有矛盾时，我们可以尝试在冷静之后找一个安静的地方坐下，闭上眼睛想象自己被带入了孩子的角色中。

以前文踢球的例子来说，如果站在孩子的角度来看，那个妈妈或许会看到这样的故事：

> 比赛时间一分一秒地过去，我还一个球都没有进，真的好着急！但好在大家都踢得不错！不过，我也想为团队出一份力，我一定要把握住机会！集中注意力！
>
> 唉……我怎么又错失了机会？我真的好糟糕。大家会怎么看我？会不会觉得我很没用？
>
> 最后再努力一把吧！
>
> 天哪，时间到了，我竟然一个球都没进！真的好沮丧！我可能不太适合踢足球，在这个团队里，我就是个"小透明"！
>
> 我真是太累了，衣服全部都湿了，赶快去换衣服吧！

当我们以孩子的角色去经历这件事时，我们就能感受到他失落与沮丧的心情，以及身心俱疲的状态！如果那个妈妈能拥有这样的双向视角，她可能就不忍心再对孩子恶语相加、拳脚相向了。

这样的练习能帮助我们更好地看见孩子，而后我们就能主动往中间走一走、靠一靠，与孩子平等沟通，寻求解决方案。

武志红在《拥有一个你说了算的人生》^①中谈道：

> 马丁·布伯是 20 世纪重要的哲学家之一。他在他的《我与你》一书中说，关系有两种：一种是"我与你"，另一种是"我与它"。
>
> 当我把你视为实现我的目标的工具和对象的时候，关系就是"我与它"；当我放下了我的预期和目标，而带着我的全部本质与你的本质相遇，这时的关系就是"我与你"。

当一个孩子被"看见"、被理解时，我们与孩子的关系就更像"我与你"的关系。

在这种关系里，我不需要你作为一个工具，去承担、满足我的需求；在这种关系里，我丢弃以往习得的经验与判断，愿意以全然"无知"的心态去了解你更多。

我站在你的身旁，怀抱着充沛的爱与极大的好奇，去尝试理解与体谅，我小心地向你求证，以这样的姿态温柔传达——"我在这里，我听见你，我理解你，我在乎你。"

当孩子被这样善待与珍爱时，他便能感受到安全、踏实，他也会经由我们，爱上整个世界。

---

① 武志红. 拥有一个你说了算的人生［M］. 北京：民主与建设出版社，2019.

第四节
用心"看见"，就是对孩子最好的鼓励

那时，心心才 2 岁多。一天上午，我带她去打疫苗。2 岁之后，心心需要接种的疫苗很少，早已忘记了打针的感受。那段时间，心心常看的《巧虎》动画片里正好谈到了打针的主题。动画片里，巧虎去医院看病打针的画面非常美好，以至于心心对打针这件事反倒是期待满满。

我牵着她挂号、排队。一系列手续办妥后，我们坐在了医生面前。我把她的衣服掀开，露出肉肉的小胳膊。她看着医生摇着药剂，再把药剂吸上针管，我能感受到她有一丝丝的紧张。她看着细长的针头不停地问我："这是什么呢？阿姨在干什么？"我一一回答并安抚她："心心，打针时会有一些疼哦，但是很快就会好的。"

接下来，医生涂碘伏和酒精，一针扎下去的时候，我的心也随之一紧。

我看到心心的表情有些复杂——她一定觉得这并没有《巧虎》里演示的那么轻松。拔出针，我见她有点想哭的迹象，于是习惯性"鼓励"的话语到了嘴边，想说："心心打针都没有哭，真是勇敢！"可一刹那，我觉察到，我似乎在害怕什么，又在控制着什么。是啊，我

为什么不能坦然接纳她的负面情绪呢？于是我硬生生地吞下这句话，抱着她问道："心心，怎么样？打针是有一些疼吧？"

这句话仿佛戳中了她的内心，打开了她情绪的阀门。她把头埋进我的怀里，眼泪控制不住地掉下来。

这时，有两个小女孩蹦蹦跳跳地跑过来，她俩刚才一直在接种室的玻璃窗外看着心心打针。她们开心地围住心心，大声地朝着屋外的小伙伴喊："就是她！就是她！这个小妹妹好勇敢，打针都没有哭！"

心心连忙侧过身，偷偷抹去眼泪，装作若无其事的样子，这种转变速度之快让我忍俊不禁。看着两个热情的小姐姐，心心马上找到话题，指着墙上的贴纸告诉小姐姐："你们看，这是大象！"

这件小事再一次向我证实了，当孩子被不恰当地鼓励时，她就会藏起真实的自我，去满足他人的期待。当然，有些时候，孩子会在这种变相鼓励的压力之下走向另一个方向。

一天，在公园里，我见到一个四五岁的小男孩哆哆嗦嗦地踩着石头过河。河对面的家长不断地"鼓励"孩子："非常棒！马上就过来了，我就知道我儿子可以的！加油！踩这边！"河水不算浅，石头大小不一，间隔还有些远，我看见男孩的头上已渗出了汗水，神情紧张，似乎每踏出一步都要鼓起巨大的勇气。

终于，在"众望"之下，他走到了对岸。只见他长吁一口气，如释重负，丝毫没有战胜困难之后的骄傲与喜悦。男孩的妈妈重复着："我儿子真棒！"爸爸这时提议："再来一遍怎么样？小男子汉！"

孩子索然无味地摇摇头，不想再尝试，然后一个人朝着草地那边走去。父母见小男孩提不起任何兴趣的状态，有些发懵，不知道自己是否做错了什么。

或许小男孩心里知道自己并不像父母想的那么棒，他并不勇敢，他会害怕，他不能确保下一次还能顺利过河。万一落入河里，父母会不会失望呢？为避免这样的失望，他选择了不再尝试。

著名心理学家鲁道夫·德雷克斯在《孩子：挑战》[①]一书中说过："孩子需要鼓励，就像植物需要水。"现在的父母太明白这个道理了，于是频繁地使用"鼓励"，把它当作"包治百病"的万金油，却不知，有些不顾孩子感受、言过其实的鼓励暗藏着父母变相的控制欲，隐约中透露着父母想要孩子做得更好的期待。而这本身，就是对孩子的不接纳、不信任。这样的鼓励非但不能激起孩子的勇气和信心，反而会拉开父母与孩子的距离，给孩子造成压力，让孩子很难成为真实的自己。

既然这样的"鼓励"并不能称为真正的鼓励，那么对于孩子来说，他们需要的、恰到好处的鼓励应该是什么样的呢？

好的鼓励，就是父母将自己的"用心看见"自然地表达出来。

向孩子具体描述"看见"的细节

在心心写完拼音或英文单词时，我会挑出几个我觉得写得不错的告诉她，比如：这个"a"的小肚子很圆润，小尾巴拖得不长也不

---

① ［美］鲁道夫·德雷克斯，薇姬·索尔兹.孩子：挑战［M］.甄颖，译.北京：生活书店出版有限公司，2015.

短；这个"L"的一竖写得笔直笔直的，下面的一横也正好落在了格子线上。

这样具体地描述我的"看见"，让心心发现原来自己也能写出这么"完美"的字，心里美滋滋的。下一次写字时，她就会格外认真地对待自己的每一次下笔。

（1）看见孩子展现的品质

记得有一次，我和心心一起出门。经过小区门口时，她抢前几步扶住即将要关上的门，耐心地等我通过。谢过她之后，我告诉她，替人扶门是一种礼貌的表现。自此之后，对于扶门，心心几乎达到了一种"执拗"的境界，看见门就想上前给人扶住。

还有一次，我在打电话时发现，心心一反常态地在一边耐心等待。挂断电话后，我说："刚刚你这样的行为就叫耐心，同时，在妈妈和别人说话时不打扰，这也是一种尊重。"从她的眼神中，我看到她有些意外，应该是没想到自己这么一个小小的"克制"行为都能被妈妈看到并认可吧！虽然之后她并不能每一次都做到如此耐心、尊重，但"学会克制自己"的小信念在她心里已扎了根。

（2）看见孩子付出的努力

有一次，我收到了心心用心制作的生日贺卡。我仔细地端详，好奇地问她："这些花做得可真好看，我好喜欢呀！花上面的纽扣都是你自己一粒粒粘上去的吗？"

有时候，看到心心刷好的干净的鞋子，我会说："看得出来，你很认真地顾及了'边边角角'，连鞋底都刷得白白的。"

……

每一次这样的鼓励就像一束光，照进了她暗藏的努力中。虽然有时她只是不好意思地回了我一个笑脸，但我能看到，通过我的"看见"，她对自己有了更多的肯定与认可。

"是的，我很好！"日常里，她偶尔会冒出这句话。我想，这种自我评价多半来源于她很多个"做得好"的细节都被妈妈仔细地捕捉到了。

没错，我们的"用心看见"，就是对孩子最好的鼓励。

这样的鼓励，是将心放在孩子身上，而不是只盯着我们的目标与期待，所以不会沦为控制的手段。这样的鼓励，是用心看到孩子的表现之后的肯定与认可，它客观而真实，既不夸大，也不敷衍。它能引导孩子看到自己的内在资源，建立自尊，而无须依赖他人的评价定义自己。

孩子的成长需要鼓励，但更需要恰到好处的鼓励来滋养他们，让他们生出力量，拥有自信！

第五节
贴标签不是"看见"，而是将孩子局限住

负面标签
会让孩子不自觉地认同

有一天晚上，我收到朋友的微信，她沮丧地说："怎么办？今天我去学校接孩子，老师把我叫住，她说我家孩子写字全班倒数，上课注意力不集中，也不配合老师。回家后，我找孩子聊天，他竟然很坦白地告诉我他也认为自己就是个坏孩子。他才7岁啊，怎么就对自己失去信心了？"

收到这条微信，我不禁联想起之前我去朋友家的场景。

朋友是上班族，孩子的奶奶经常带孩子。据我观察，当孩子在家中因为调皮不小心打翻了东西时，奶奶会很烦躁地骂骂咧咧："你这孩子真烦！"当孩子在外面和小妹妹抢玩具时，爷爷会生气地拎着他回家，并向小妹妹的父母解释："这孩子就这样，从来不知道谦让。"当孩子辛苦拼的拼图被大人收拾卫生时拆掉时，他发脾气，却引来一阵责骂，大家的矛头都指向他，说他脾气越来越暴躁，性格不好……

这些评价说得多了，就好像一个个标签，贴在了孩子的身上。他最亲的人反复向他传递的信息，让他产生了一种自我认定——"我是个坏小孩"。

贴标签的可怕之处就在于此。贴标签／评价或许很容易，可当孩子不断接收这样的评价时，他们的潜意识就会不自觉地认同，甚至不惜以进一步的行为表现来捍卫它，以证明"我就是这样"。

我们给孩子贴上负面标签，有时是想表达对孩子某些行为的不满情绪，有时是想在社交场合表现得更谦虚。我也有过这样的时候，但意识到负面标签对孩子的不良影响之后，我尝试用以下两种替代方案去解决问题。

（1）提醒自己：对事不对人

当心心见到长辈不问好时，我不会评价她这个人是"不礼貌的"，而会询问她发生了什么，刚刚是不是感到有些害羞。

当心心自顾自吃东西，没有给家人留一些时，我不会给她贴上负面标签——"自私、不懂事"，而会诚实地表达我的感受，与她交流。

……

就这样，我会主动地把话题范围缩小，只关注眼前的事实。对于孩子具体的行为，我们要警惕过分的"联想"，避免小题大做、上纲上线。

（2）巧用批评，让不良行为暂时化

和心心约定好10分钟之后就关电视，时间到了，她却大哭大闹、

冲我发脾气。于是我这样批评她："平时到点了你都知道按时关电视的，可是今天却这么生气，是什么原因呢？"

这样的批评暗含着一种"相信"，能让孩子感受到她此时"不好"的行为只是暂时的，并不代表她长期都会如此。同时，因为我批评得客观中正，孩子更容易吐露心声或者反思自己。

当然，生活中还有一种情况，那就是，我们自己很注意不随意给孩子贴标签，但身边的人总会忍不住定义你的孩子。这个时候，该怎么办呢？

（1）当着孩子的面表达对对方的不认同

记得一次家庭聚会，家里的长辈看着心心和媛媛，很自然地就比较起来："这俩小姐妹，还是妹妹性格好！"

心心当时在吃饭，一听到这句话，嘴立马就翘得老高，委屈又求助似的看着我，小眼泪好像马上就要滚落出来。

我是一个不太爱表达与对方不同意见的人，可在那个时候，还是觉得应该鼓起勇气为心心做点什么。

于是我笑着补充道："也不是啦！她们俩只是性格不一样。妹妹干什么都慢悠悠的，心心比较活泼开朗。有时候媛媛不懂事惹姐姐生气，姐姐还会让着媛媛呢！"

长辈们大概听出了我的意思，立马随声附和："是的是的，心心也不错，终归是媛媛的大姐姐！"

心心在一旁听我们这么说完，平复了一下心情，很快又继续埋头吃饭了。

也许你要说了，这不是赤裸裸地"护犊子"吗？没错，但这时候如果我们能站出来保护孩子，发表自己的看法，就能让孩子借机了解她最在乎的人——父母是怎样看待她的。许多孩子并没有一个确定的自我认知，他们往往会从别人那里获得自我认知和自我肯定，而父母的肯定会让孩子更有安全感。

（2）鼓励孩子建立内心的稳定感

当然，由于客观情况所限，有时我们没法当着孩子的面四处向人解释孩子的行为。我就遇到过这么一件事：

那天，我带着心心在公园里的沙坑玩。心心正忙不迭地堆砌她的"城堡"，这时来了一位小弟弟，他想要心心手里的小铲子。可心心正需要这把铲子，便拒绝了对方。这时，小弟弟的奶奶走过来，抱起孙子，说了句："这个小姐姐不爱分享，那我们问问别人吧！"

心心听了很不开心，着急地催我："妈妈，你快去跟这位奶奶解释，我不是不爱分享的小孩，我只是现在要用！"

我能理解心心此刻的心情，于是耐心地对她说我如何理解她。但显然，这并不是一个需要去解释、澄清的场景——事实上，老奶奶说完这句话就走远了；作为一个陌生人，她也没有兴趣去了解一个孩子到底是怎样想的。

那段时间，我正好在读《论语》，偶尔会与心心分享读书心得。对于孔圣人说的话，心心还是很有兴趣的。于是，我抱着心心，轻松地与她聊天："你知道吗，我突然想起了孔子说的一句话。"

"什么话？"心心好奇地问道，她的心情也基本上平复了。

"孔子说：'人不知而不愠，不亦君子乎？'"

"什么意思，妈妈？"

"意思就是啊，别人不了解我，我也不生气，这不就是君子吗？"

心心似乎明白君子指的就是有很高道德修养的人，她若有所思。

我接着说："你看，刚刚那位奶奶就是不了解你呀！其实，你很愿意分享，只是现在不行而已。妈妈认为，在这种情况下，我们不用解释，只要我们自己知道自己是什么样的人就够了。以后遇到这种事时，如果还能做到不生气，那我们就有君子的品质了！当然，这可不容易，妈妈有时还做不到呢！我们一起努力，好吗？"

"好的，妈妈！"我并不知道心心有没有听懂，不过从她的眼神中，能看到她不再为这件事而苦恼了。最后，她又补充一句："妈妈，'君子'可真厉害呀！"

看，只要我们足够用心，就可以发现生活里处处都藏着教育的契机。如果孩子猝不及防被别人贴上了负面标签，我们不妨趁机向孩子传递正面的信息——面对不确定的外在环境，我们还有一件事可以做，那就是修炼自己强大的内心。

中性标签
会让发展中的孩子受限

前文一直在说给孩子贴上负面标签是不好的，那么贴上一个中性的标签是否可以呢？其实中性的标签也会让发展中的孩子受限。举个生活中的例子来说明吧！

不知从哪一次开始，我们发现心心不能吃辣的食物，而后就记住了。我们总说，心心不能吃辣。吃饭时，如果我们想吃辣的食物，就会另做一份不辣的食物给心心。外出时也是如此，我们总记得给她点些不辣的菜品。慢慢地，我发现心心对辣的食物变得异常敏感，任何食物，只要有一丁点儿的辣味她都不吃。

我这才意识到，是我们日复一日给她贴上的标签让她对"辣"的耐受能力越来越弱了。于是我赶紧改变措辞，告诉她："心心，现在你长大了，你也在变化，可以尝试吃一些辣椒了。"

在我的"鼓励""怂恿"之下，她将信将疑地开始尝试，吃一口辣的食物赶紧喝一杯水。最后，她惊喜地发现，原来她也可以吃辣的食物！

这个例子也可以说明为什么有的孩子挑食很严重——也许仅一次两次孩子不太爱吃某种蔬菜，父母就着急地给孩子贴上了标签。

心理学中，有一种常见的症状叫作"自证预言"。它指的是，人会不自觉地按照已知预言来行事，最终令预言发生。语言会重塑我们的大脑，当我们习惯了这么说时，我们就会坚信这就是事实，而当我们坚信它是事实时，就会不自觉进入"自证预言"模式——在生活中不断搜集能证明它的信息，最终让它真的变成现实。

不给孩子贴"中性标签"，我们需要怀抱一份相信——相信孩子是在不断地发展与变化的。当下的他有什么样的行为与信念，不代表一周后、一年后，乃至几年后还是这样。有了这份相信，我们就不会再用孩子一时的行为来定义他这个人。

正面标签
会让孩子隐藏真实自我

也许你要问了，既然负面标签、中性标签都不利于孩子的成长，会让他们往相应的方向发展，那么如果我给孩子贴上正面标签，他岂不就能如我所愿地发展了？

被贴上正面标签的感受，我还真体会过。从小我就是一个人见人夸的"乖孩子"，而我并非能事事做得像大人希望的那样完美。为了维护这个标签，我只好不让大人知道我一些"不乖"的事。与他们相处时，我也似乎总是戴着面具，不敢以真我面目示人。

长大之后的我仍然处于这样的模式中，对于越是在乎的人，我越想努力去迎合。在这个过程中，我往往忽视了自己真实的感受与需求。或许在人际关系中，我能因为迎合他人而"表现"得很好，但因为欠缺"真"，而显得空洞、程序化。

由此看来，我们不宜随便给孩子贴上正面标签。

我认为，父母若想避免给孩子贴上这样的正面标签，则应该对夸赞孩子保有一丝觉察。如第三节所述，我们要看到孩子做得好的具体细节、体现的品质，而不是笼统地给孩子扣上一顶不适合他的高帽子，让夸赞变成一种"绑架"。

同时，我们要更细心地关注孩子当下的真实需求。当孩子的需求与我们的期待相冲突时，我们不能用家长的权威、大道理或刻意感动等方式逼孩子就范，而应平等地与之沟通、商量。这看似让"管教"变得更麻烦，但只有这样，孩子真实的需求才会有生长的空间！

德国家庭治疗大师海灵格讲过这样一则寓言：

有一只熊一直被关在一个非常狭小的笼子里，它只能站着。后来，它被放出来。它可以爬行、打滚，甚至奔跑了，但它仍然一直站着。那个真实的笼子虽然不在了，可似乎永远有个虚拟的笼子在束缚着它。

父母们给孩子贴上的标签，可不就像束缚孩子的笼子吗？待他们长大，我们早已不在他身边，或许他们还会记得自己是"不爱看书的""乖巧的""没出息的"……这些词、这些评价束缚着他们。他们忘记了自己其实是立体的，是丰富的，是在不断成长和变化的；他们不知道自己的生命是可以自在舒展的、如他们所愿的。

第二章

懂得孩子，合理给爱
——妈妈的爱是给孩子最大的滋养

孩子渐渐长大后，会有自己表达情感与需求的方式或方法。它们也许是叛逆的行为，也许是大声的哭泣，也许是难听的话语，也许是不良的表现。如果我们能透过这些表象看到孩子的真实需求，就能更合理地给予爱，让孩子在爱中感受到安全。

最开始给予孩子"幸福能量"的常常是父母！

第一节
为什么越是共情、理解孩子，孩子越娇气

为什么越共情，孩子越娇气

小古妈妈参加完我的读书会后，没过几天，便发来一条微信信息："不是说我们要在孩子难受、愤怒时与他共情吗？可我怎么发现，共情会让孩子变娇气啊？"

原来前几天，小古妈妈带着小古去游乐场玩，小古正开心地在沙池里玩一辆小卡车时，突然过来一位小朋友，他直接将小古的卡车抢走了！

小古愣了几秒，妈妈见状，立马共情道："看得出来，你现在感觉很愤怒，很难过。来！妈妈抱抱！"小古一听，"哇"的一声大哭起来，还哭个没完没了。

这事搁以前吧，小古妈妈也许会转移小古的注意力，或者直接引导小古去拿回自己的东西，小古委屈一小会儿就没事了。可这次，妈妈足足安抚了20多分钟仍无济于事。小古妈妈事后回想起来，觉得共情真是没用！

我想，很多妈妈都有过小古妈妈的经历。在孩子难过、伤心时，设身处地地去感受、体验孩子的情绪就是共情的一种表现。

可为什么原本想通过"共情"安慰孩子，却让孩子越变越"娇气"了呢？虽然孩子许多"娇气"的"症状"看起来一样，但其中却有很大的差别，"娇气"的孩子通常想通过哭向我们表达下面这些内容。

（1）"被理解真好！那我干脆将上周、上上周的难过都发泄出来吧！"

这种情况最为常见。当我们向孩子展现了理解、接纳的行为时，当孩子感受到周围环境的安全时，他那情感的大门就会向我们敞开，便能放心地发泄情绪。

在伤心情绪的支配下，孩子经常会顺带处理一下最近不如意的事儿。我常听父母们说，孩子哭着哭着就开始"偏题"了——开始抱怨爸爸出差好几天没有陪他玩，白天在幼儿园又被老师批评了，最好的朋友说不喜欢他了，等等。

这是因为这些情绪在那些当下没能被充分地释放。但现在妈妈在，妈妈是对孩子最耐心、最接纳、最包容的人，妈妈就像一床温暖的棉被，能让孩子躲在里面哭个痛快！

于是，遇到那些我们觉得孩子哭两分钟就能放下的事，孩子硬是哭了20分钟，还越哭越委屈。其实，哭是孩子天然的情绪释放方式。哭够了的孩子就如同睡足了一般，会重新回到良好的状态，会更加轻松快乐、神采奕奕。

（2）"妈，你在背台词吗？我真的很难过，你能走点心吗？"

有时候，我们只是在大脑中意识到，这时候，需要以共情的方式对待孩子，于是共情模板句型脱口而出："我明白，你现在很 ＿＿（孩子的感觉），是因为 ＿＿（孩子相信的原因），我猜你希望 ＿＿（孩子的愿望）。"嘴里说着共情的万能句式，心里却满是不耐烦："哎呀，这糟心的娃又哭了！他什么时候才能好？晚饭还没有做呢！""共情过了，该能快点好了吧？"

格莱德斯坦（Gladstein）于 1983 年提出关于"共情"的两成分理论。该理论将"共情"分为两种：一种是认知共情，它会动用人脑中掌管理智思考的前额叶皮层来对孩子的情感进行准确识别；另一种是情感共情，它会触及我们脑中掌管情感的杏仁核区域，让我们真正地感受到孩子当下的情感。

当我们只是"认知共情"，并未调动自身的情感时，即使嘴上不说，非语言信息也会出卖我们。比如，孩子头脑中的边缘系统会非常敏锐地捕捉到这些非语言信息：我们心不在焉的眼神、僵硬的身体、不带关怀的语气等。孩子并不会满足于这样"形式化的共情"，会更大声地哭，以此向我们释放信号："妈妈，我是真的很难过，你能不能感受到？你到底在不在乎我的痛？"

（3）"真的这么难过吗？那我配合着哭大声点吧！"

如果说，第二种情况是因为父母共情得不够，会那这种情况无疑就是共情得太过了。

孩子摔了一跤，有些疼，想哭又忍住了，正准备爬起来继续玩耍，我们看到了，满脸关爱地说："我的宝宝，刚刚是不是好疼？"我们焦急的语气好似自己都要哭出来，心里想着：太疼了，还不如摔的那个人是我！然后把孩子裤脚卷起来，就差拿来放大镜看看孩子哪里红了、哪里破了。

孩子看着我们，心想：我难道摔得不轻？看妈妈那样紧张，我赶紧配合着哭一哭吧。一来二去，孩子真的变得娇气了！

这样的父母一般都处于与孩子融合性的关系中，会将自己的痛苦投射到孩子身上，认为孩子也很痛苦。实际上，是眼前的场景触发了父母类似的回忆——他可能想起自己小时候摔倒了、弄疼了，却从来没有人安慰他。所以，在那个当下，他安慰的、紧张的、心疼的不仅仅是面前这个孩子，更是那个小时候缺爱、缺关注的自己。他误以为这就是自己能给孩子的最好的爱，却不知，这只是对自己的补偿。

（4）"妈妈理解我，说明我有理，你们都对不起我！"

一次周五放学，我和心心爸商量好了晚上全家一起去吃火锅。我俩决定先去幼儿园接上心心，再去火锅店等位。谁知，刚放学的心心压根儿不想去，她要在操场和同学们玩。我告诉她我最多能再等她15分钟。可时间到了，她还是不想走，于是抱怨起来，一路上情绪很不好。

我一边骑着车，一边用共情的方式说："妈妈知道你很不开心，不能继续和同学玩了，真是很遗憾。"

听我这么说，她越发觉得委屈，最后索性大哭起来，她一遍遍地喊："都怪你！妈妈！都是你的错！"

我忽然意识到，我的共情让她觉得自己是"受害"的一方，好像大家都对不起她。

这也是很多家长不敢共情的原因。我们担心孩子过于重视自己的感受，因而学不会理解他人。

不过，现在并不是和孩子讲道理的时候。她正在发泄情绪，什么也听不进去，于是我只是重复着："心心，妈妈很理解你的感受，当计划不如我所愿时，我也会很伤心。"

但我知道若要妥善处理好这件事，一定不能少了后续环节。

在她平静之后，回到家，我邀请她与我一起玩角色互换游戏，因为我状态放松、态度友好，她想都没想就加入了。

心心进入角色很快，一开始就特别兴奋地"通知"我："宝宝，我们一起去吃火锅吧！"没成想"宝宝"一点也不开心，我夸张地演出她之后的大哭大闹，她笑得前仰后合。

游戏结束后，我假装变身剧目落幕后上台的主持人，幽默地说道："这个伤心的故事告诉我们，以后千万别有事没事就带孩子去吃火锅，谁知道他们开不开心！"

心心在一旁看着，笑得更开心了。

那天晚上睡前，心心小声地对我说："对不起，妈妈，今天我不应该那样。"接着，她想到一个好主意："下次我们可以提前说好什么时候去吃火锅呀！"

"是的！"我赞同道。我想，通过这个小游戏，她一定或多或少理解了我的感受吧！

游戏也是一种教养方式。有时，在孩子心情平静之后向他们诚实地表达我们的想法和感受，就足以让他们学会从不同的角度了解同一事件。

如何做到有效共情

说到这儿，也许有人会觉得，共情真难啊！我们的共情不是太过就是不够。共情太过了，孩子会变娇气，不懂得体谅他人；共情不够了，孩子又感受不到爱与理解。父母真不好当！

其实，共情没有那么复杂。养孩子不是做烘焙，原料分量都要拿秤称。如果在共情时父母能做到以下三点，基本上就能事半功倍。

（1）感受孩子的情绪

每个人天生气质不同，对情绪的感受能力也不同。有的人对情绪有很强的感受能力，比较敏感；有些人则对情绪有较弱的感受能力，比较迟钝。

有一次，心心在运动时摔了一跤，还未能觉察她的情绪的我却在一边哈哈大笑："你这跤摔得真漂亮！"心心涨红了脸，一字一顿地告诉我："这一点儿也不好笑！"之后，她又大声地向我说了好几遍。

还有一次，心心的脚踝破了一个小小的口子，她掀开裤腿给我看。偶尔腿碰得瘀青都不知道在哪儿碰到的我，看了一眼就"嗯哼"了事。之后的每天，她都会掀开裤腿给我看一遍，只为寻得用心的共情。

知道心心敏感之后，我就开始尝试感受她的情绪，试图站在她的角度给她贴心的安慰。

（2）先等待、观察再做出反应

有时，做父母也需要一点点的迟钝。例如，遇到上述情况时，我们可以不着急处理，先观察孩子遭遇伤痛之后的反应。如果他只是抱怨几声，那么我们不妨鼓励他："没事，去玩儿吧！"

我们并不需要在任何时候都进行共情。有时，一句"没事"就能向孩子展现我们的相信，相信他们的复原力、抗逆力，相信他们自己能克服困难、治愈伤痛。

（3）及时与孩子确认我们的理解是否正确

其实，只要能抱着真诚倾听的态度，并及时与孩子确认我们的理解是否正确，我们就能做到有效共情。

例如，当别人抢走孩子的玩具时，我们可以问："你很不开心，是不是因为他抢走了你的玩具？"

"是的，不过我还是玩点别的吧！"孩子回答。

我们从孩子这个回答就能看出，在孩子心里，被抢走玩具根本不算事儿。反之亦然。

共情的态度

除此之外，我们抱有什么样的态度，也会直接影响共情的效果。当我们做到以下这几点时，多半就能理解孩子。

（1）活在当下，放下自我，全身心关注孩子

平日，我有练习冥想的习惯。经常练习冥想的好处是，在孩子有负面

情绪的时候，我能刻意地回到正念的状态。我会提醒自己将注意力带回当下，关注此时此刻孩子的肢体动作、面部表情，认真思考他在表达什么、他的语气如何，同时，放下内心的评判与偏见。

这样的全神贯注能让共情更加有效。

（2）好奇孩子的经历，尝试理解他的需求与意图

我们的好奇心、尝试理解的态度，会温柔地向孩子传达一条信息——"我在乎你！"

（3）敞开怀抱，拥抱孩子的痛苦经历与负面情绪

当我们拥有这样的想法时，我们会展现出开放、包容的姿态——"孩子，哭出来吧！妈妈能接得住！"

写到这儿，我突然想到，对于孩子，多数时候我们都用不上这么深度、专业的共情方式。有时我们只要采用"共情句型"，孩子就会感到被理解。因为在生活中，他们能被深深地理解和"看到"的次数实在太少了。

我们以为的无忧无虑的童年，其实充斥着太多的责备、评判、恐吓、威胁、误解、要求、否定……

可如果我们采用共情的方式理解孩子，哪怕只有几次，他也一定能体验到人与人之间那种最忘我、最美好、最包容的爱。而这些爱，就会慢慢内化成孩子心里充足的安全感。

有了安全感，孩子就能在将来给予他人同样美好的体验，从而拥有更多更深层次、更幸福的人际关系，进而滋养余生。而在孩子的成长过程中，最开始给予孩子"幸福能量"的常常是父母！

第二节

当孩子说"妈妈，我讨厌你"时，
她真正想表达的是什么

当妈的可能都有过这样的经历——孩子生气地冲着你大喊："妈妈，我讨厌你！"

这时你会怎么处理呢？

我见过有的妈妈瞬间被激怒，报复性地回一句："我也讨厌你！"这情景让人感觉是俩孩子在赌气。

我一直认为，成熟的父母必定是个老道的翻译官，能透过孩子表面的行为与语言，精准地翻译出孩子的内在需求。

当我们看到需求，再"对症下药"时，这个"没大没小"的孩子通常就能被治得"服服帖帖"。

不过，翻译一个活生生的孩子的行为，可不像翻译语言那么简单，它的释义远不止一种。例如，"我讨厌你"这句话就有以下三种解释。

（1）用"我讨厌你"来表达强烈的情绪

这一种最常见的情绪表达。当我们不让孩子吃冰激凌，或者告诉他们玩耍的时间到了，或者勒令闹个不停的他们立马闭眼睡觉时，往往为了回击，孩子们会恶狠狠地说："妈妈，我讨厌你！""你是个坏妈妈！"又或者还有更狠的："我打死你！"

这时候，孩子迷恋的是语言的力量，越夸张的语言，越能代表他们愤怒的程度。我们与其揪住语言本身和他们较劲，不如用正确的方式帮助孩子表达内心的想法和感受——"妈妈知道，不让你吃冰激凌让你真的好伤心！"

据我的经验，这句话的威力就像一瓶强力灭火器，孩子的"火气"立马就能消失大半。

像这样绕过语言的坑，直接看到孩子的负面情绪并接纳它，就会在亲子之间制造一种良性循环，同时也是在用行动告诉孩子：你不必用这样伤人的方式来表达痛苦，妈妈都看得到。

当然，当孩子这么说时，我们会很不舒服。这时，我们也别忘记向孩子反馈我们的感受。我们可以说："听到你这么说，我真的很伤心！"也许一两次，孩子还不能及时改掉这个坏毛病，但次数多了，孩子的同理心就会越来越强，出于爱，他就会选择使用那些正确的、能被我们接受的方式表达自己的想法和感受。

（2）用"我讨厌你"表示"我喜欢你"

朋友丹跟我说，她家小宝最近总会很生气地冲她嚷嚷："妈妈，我讨厌你！我再也不想理你了！"喊罢，小宝还总配上自创的"翻白眼"。

丹起初很生气，一想到她为了这个小宝连工作都辞了，白天也是尽心尽力地陪伴，到头来，亲子关系竟成了这样，她就控制不住自己的情绪。

可后来，她似乎慢慢摸索到了规律。白天时，小宝和她总是腻歪得不行；一到晚上，她开始陪大宝写作业时，小宝隔三岔五就会来这么一出。莫非小宝是嫉妒大宝霸占了妈妈？她尝试替小宝说出内心的想法："是不是妈妈晚上只陪了姐姐，没时间和你玩，你感到很难过？"

丹的话一出口，看似强硬的小宝瞬间服了软——她点点头，一脸委屈的样子，金豆豆扑簌簌滚落下来。丹抱住了小宝，心里懊悔无比，心想为什么前几天要和孩子那么较真呢？

是啊，如果我们早看穿孩子的那句"我讨厌你"实则是在表达"妈妈，我好喜欢你，我想你多陪我一会儿"，我想，每一位妈妈都愿意向孩子张开双臂，给他一个温暖的拥抱吧！

这样的情况还有很多，并不是每一次孩子都会通过语言表达出来。有时，当我们与孩子久别重逢时，孩子会故意推开我们或者假装不理不睬。

这时，主动地说出孩子的需求是一种化解亲子矛盾的好办法。除此之外，我们还可以尝试与孩子约定一个专属的小暗号。比如，让孩子指着自己的背提醒我们他需要"充电"了，或者向我们比个爱心，等等，当我们看到这些暗号时，就能明白孩子这时候需要陪伴了。

当孩子有多个备选方式时，他们才有机会去更新，去选择更好的表达方式。

（3）用"我讨厌你"表示求助——"我不知道该怎么办"

科恩在《游戏力》①一书中列举了一个游戏治疗的案例。小男孩罗

---

① ［美］劳伦斯·科恩. 游戏力［M］. 李岩，译. 北京：中信出版社，2018.

伯特在幼儿园惹了不少麻烦，他总爱用拳头说话，很多孩子都不想跟他玩。

在玩游戏追逐的过程中，罗伯特和科恩需要穿梭一些房门，有时，罗伯特就会将科恩关在房门外，并大叫："我不喜欢你，我才不想跟你玩，你这个讨厌鬼！"

科恩敏锐地捕捉到了孩子发送的信号——在游戏中，他主动变成了一个不要跟别人做朋友的人，他想通过拥有这种掌控感来对抗内心的难过、孤独和挫败。

于是科恩夸张地哀求他开门，之后又故意威胁罗伯特——如果不开门就要踢他。科恩用游戏的方式让孩子体会到，踢人、骂人这样的社交方式是错误且无效的。玩了几次后，孩子的社交能力大大提升。

我们或许会认为这种情况在生活中不太常见。但我们仔细观察就会发现，其实孩子们会经常向我们发送类似的信号：如果孩子总被人威胁，他就会在日常生活中威胁我们；如果孩子总被人命令，他就会时不时地命令我们。

孩子就像一面镜子，映照出来的画面皆有原型。当他用不好的方式对待我们时，别着急生气，想一想，孩子是不是在用这样的方式向我们求助：我不喜欢被这样对待，但又不知道能怎么办。

如果是这样的话，那么我们可以找机会与孩子聊聊天，关心他的生活以及社交情况；也可以趁机在游戏中跟随孩子，让他在大笑中释放挫败的情绪；还可以真诚地告诉孩子，如果遇到什么困难，爸爸妈妈会很愿意听他说出来。

有段时间，心心在希望我做什么事而被拒绝后，就会威胁我：
"妈妈，你再这样我就不喜欢你了！"这句话是家里的老人曾跟她说
过的。

我嬉皮笑脸地回应她："就算你不喜欢我，可你还是我最爱最爱
的小孩！"

"可我就是不喜欢你了！"她还是生气。

"不管你做错了什么事，不管你怎么样，我都最喜欢你！"我继
续表白。

几个回合之后，心心就满足地笑了，小脸上洋溢着幸福。

类似这样的表白也是一种解决方式吧！我们虽然无法控制外在的环
境，但起码能让孩子知道我们对他的爱是永远不会变的。如此一来，孩子
便会心安。

我很喜欢英国心理学家温尼科特的那句话："世界准备好接受你的本
能排山倒海般涌出。"是的，我亲爱的小孩，我希望我也准备好，哪怕你
伸过来的是一把会刺伤我的尖刀，我也想变身为一团柔软的棉花，包裹住
"恶意"，回报你温暖。我要让你透过我，感受到整个世界宽厚无边的爱与
暖暖的善意。

第三节
手足情深的二胎家庭，都有个充满安全感的老大

二宝驾到，大宝失落

最近一段时间，心心有些反常。

有时，妹妹媛媛不小心损坏了她的积木，或干扰到她的玩耍，她就会凑到我耳边，用一种很凶的语气说："妈妈，你快点打媛媛一顿！要狠狠地打！打到她哭为止！"

一家人一起吃饭，在说到媛媛越来越机灵时，心心会追问一句："那我呢？我机灵吗？"

我们说："哇！媛媛都会走路了！"心心立马挺直腰杆，大踏步超过媛媛："妈妈，你看，我走得更好吧？"

她的这些行为总让我忍俊不禁，但也提醒我，一定是我最近有什么做得不周到的地方，让原本是"护妹狂魔"的心心开始变得如此敏感吧。

如果说心心的这些行为尚且是正常的，那前不久一则新闻中姐姐的状况就太令人心疼了。

这个小女孩 6 岁，视力突然下降得很厉害，走路时常常因看不清而摔跤，去医院检查后才发现，视力竟然只有 0.15。可奇怪的是，医生给她做了散瞳验光之后，发现她的眼球屈光状态是正常的；后续的一些检查也没有发现她的眼睛有任何毛病。

后来，医生才发现女孩的视力下降是心理因素导致的：因为有了弟弟之后，女孩自觉受到冷落，于是出现了"癔症性眼盲"——在潜意识中，小女孩希望自己的"不正常"能唤起妈妈更多的关心、关注。

哎，这该是多么强大的意念，才能胁迫着身体一起向妈妈发出呐喊啊！

如果说妈妈们要面对的永恒议题是如何平衡好工作与家庭，那么二胎之后，父母们的长久困惑就是如何平衡好对大宝与二宝的爱。

我虽不清楚这则新闻中的家庭发生过什么，但还是了解二胎家庭中经常会出现的一些场景。

我们陪老大进行亲子共读或玩游戏时，常常会因为老二的哭闹、暂时需要照料而突然停止。

睡觉时，因为我们要给老二哺乳，所以不得不总将背影留给老大。

老大需要陪伴时，我们却常常因精力不够而拒绝。

……

因为我们疲惫不堪、缺少支持、无暇应付矛盾，有些话常常就脱口而出：

> "妹妹抢你的书怎么了？她还小啊，她又不懂事！"
>
> "妹妹还要喝奶，妈妈没法转过身，你快睡吧！你都多大了，还要妈妈陪！"
>
> "你看看你，又发脾气，还是大姐姐呢！你这样子怎么给妹妹做榜样？"
>
> ……

老大需要的只是更多的爱与关注，而我们却回馈给她太多的要求与期待。在这样的心理落差之下，老大很难感受到手足之情的美好，只会一心想着如何将自己"爱的空洞"填平。

为什么"一碗水端不平"

许多父母在生二胎之前都会暗下决心：将来要一碗水端平，决不能让老大受委屈。可为什么二胎真的出生后，渐渐地，爱的天平似乎开始倾斜了，至少在老大眼中是如此呢？这主要有以下几个原因。

（1）老大的挑战在老二前面，让父母操心的事更多

在老大成长的过程中，我们会面临很多全新的挑战，应对时往往感到挫败、无助……可到了老二这儿，一切就轻车熟路了。所以，我们在看老大时，往往看到的是一堆毛病；而在看老二时，却更享受她当下的可爱与每一个珍贵的成长瞬间。

（2）老大的情绪表达方式更加含蓄，难以被接受

小婴儿就算大哭大闹，我们也会觉得可爱。可大孩子就不同了，随着年龄的增长，他们表达情绪的方式变得更加含蓄。特别是在有了弟弟妹妹之后，"爱的丧失感"常常让大宝觉得自己不再重要、不被在乎，而这种感受往往又会通过不配合、大发脾气、与弟弟妹妹争抢东西这些方式表达出来。

很多时候，我们也很想对老大说出爱，但把话说出口时却不小心成了责备。

（3）老大无法很快接受老二的到来，让父母感到期望与现实的落差

老大对于"新生命"的适应远没有我们快。他们需要我们补足爱才能给出爱。如果说做好父母是需要练习的，那么第一次当哥哥姐姐更是如此。我们常常期望，老大能像我们一样很快地对老二给予爱。但现实情况常常并非如此。因此，这现实与期望之间的落差常常会增添我们对老大的不满。

如何让老大更有安全感

说了这么多，作为父母，我们怎样做才能让老大更有安全感，从而促进手足间的友好相处呢？

（1）卸下老大的高帽子，让他做回孩子

"你是哥哥，妹妹玩玩你的玩具怎么了？"

"你都是姐姐了，还不好好吃饭，以后怎么给妹妹做榜样？"

"你年龄大，你要让着他！"

类似这样体现"身份绑架"的话，你一定不会陌生。似乎在父母眼里，老二一出生，老大便要在一夜之间长大。他需要处处做榜样，需要谦让，需要隐忍。可这样的要求真的合理吗？

"个体心理学之父"阿德勒认为，出生顺序会对个体的人格特点产生很大的影响。他对此分析如下。

弟妹的出生往往会给长子带来苦恼。家庭地位的迅速下降、关注度的降低会让长子产生嫉妒心和不安全感，从而容易对人有敌意，自卑感也比较强烈。所以，在问题儿童中，长子的比例较大，其次就是备受溺爱的末生子。

除此之外，还有一种类型的长子，他们是父母眼中最完美的孩子，听话、懂事、勤勤恳恳。长大后，他们会倾向于选择成就较高的工作，责任心强，控制欲也很强，非常渴望、在意权威与外界的认可。

之所以老大会有这样的发展趋势，大多源于他们从孩提时就遭受的"身份绑架"。

在父母的高期待之下，一部分老大在达不成要求时，会以更糟糕的行为表达反抗。他们的内心语是："既然大家都觉得我不好，那我不如'破罐子破摔'。"

而另一部分老大做出的是另一类反应：他们会通过委屈自己、压抑自身的想法与需求满足父母的期待。这样的孩子将来有可能获得成功的事业，却很难幸福，因为在人际关系中，他们习惯了压抑自己的感受与需求，以此迎合他人的期待。

由此可见，父母须尽早卸掉老大的高帽子，看到老大只是在年龄上相对"大"，但也还是个孩子。在老大和老二产生冲突时，我们就事论事就好，不要进行"身份绑架"。

（2）尊重老大的身份，给他更多权力

德国当代系统心理学大师伯特·海灵格强调，我们要尊重每个人在家庭系统里的身份事实，这样才能促进整个家庭系统的和谐。

在二胎家庭中，我们也需要让老大站在他该在的位置上，做法如下。

其一，我们可以适当赋予老大一些权力。比如，我们可以给老大一袋零食，让老大决定怎样和弟弟妹妹分，这样就远比父母替孩子们做主好得多。当老大被信任、被尊重，手中有权力时，反而能激发他内心中好的那部分。通常来说，他也不会"亏待"了老二。

其二，我们要多鼓励老大参与到照顾弟弟妹妹的工作中来。比如帮弟弟妹妹换尿不湿，短暂地看护一会儿，给弟弟妹妹读书、唱歌，等等。这些"工作"不仅能增进手足间的亲密感，还能让老大感受到价值感，体会到做大孩子的自豪。

（3）利用"特殊时光"，给老大更多的爱与关注

就算我们让老大做回了孩子，站到了自己该站的位置上，在日常生活中，老大对弟弟妹妹的嫉妒，以及因为妈妈陪伴减少而产生的失落，并不会就此消失不见。我们很难在生活中面面俱到地顾及老大的情绪，却可以选择在专门的时间，用他喜欢的方式给他爱与关注。

学习了亲子关系治疗（Child Parent Relationship Therapy，CPRT）之后，每周，我都会在固定的时间与心心共享游戏时光。我们有专属于游戏时光的玩具，在这30分钟里，我会将手机设为静音模式，全身心地跟随她，让她在游戏里主导一切。在游戏时光中，我会全神贯注地关注她，接纳她的情绪，让她决定玩什么、怎么玩。所以，她能借机自然地表达出内心很多的情绪、疙瘩。

记得有一次，心心带我玩了一个游戏：她拿起一个婴儿娃娃，用绳子将它捆起来并吊在了台灯上，又在下面摆上了很多木棍。

她说："烧死她！"

过一会儿，她又拿出奶瓶，告诉我："妈妈，假装我是小婴儿，你是妈妈，我不会说话。"

她学着妹妹爬来爬去，模仿妹妹在我怀中喝奶，像妹妹一样用大哭大闹的方式寻求我的安慰。我也顺势像安抚妹妹一般温柔地抱着她，欣喜地看着她。

当她觉得享受够了，放心了，便结束了游戏："行了，我们玩点别的吧！"

借由这两个小游戏，心心象征性地表达了内心的想法——有些时候，她希望回到没有妹妹的状态；有些时候，她希望得到和妹妹一样的爱。因为是游戏，她能没有愧疚地自由表达；也因为这个游戏，她在幻想中得到了现实里一直渴望拥有的感受。

所以，在二胎家庭中，与其说我们该怎样平衡好对老大与老二的爱，不如说要如何化解老大的内心冲突，让老大更有安全感。

当我们对老大少一些要求，多一些理解，少一些责备，多一些鼓励，少一些期待，多一些接纳，老大的内心冲突自然就能被化解，此时的他就会更有力量，也更有胸怀去好好对待弟弟妹妹，让手足之间充满爱与温暖。

第四节
"孩子，哭吧，妈妈接得住"

不知你小时候有没有过这样的经历。

你在外面受了委屈，或在家挨了爸妈的打，伤心得哇哇大哭。还没哭一会儿，大人就烦了，于是走到你跟前大声喝止："不许哭！再哭要揍你了啊！"于是你害怕地强压住哭声，可伤心的感觉还是难以控制，最后你的整个身体都跟着一阵阵地抽搐。哎，那个时候，我们想好好哭一场都是一种奢望。

同时，我们多半也有过这样的感受。

不管是伴侣还是朋友，平时相亲相爱的时光都很美好，但又会让我们感觉有些许的缥缈、脆弱。可是，在我们遇到挫折、受到伤害、感到难过时，伴侣的陪伴与理解、朋友的安慰和疏导，却能让我们实实在在地感到被在乎、被关心。

孩子也一样。在他们失去理性、大哭大闹时，我们的陪伴与倾听所传递给他的爱与安全感，相当于平日这样做所能传递给他的几倍之多。

孩子能被允许哭泣，同时在伤心时还有爸妈的陪伴，这大概是童年最幸福的事吧！

为什么我们受不了孩子哭

流眼泪对孩子来说是天然的疗愈方式。当孩子通过哭宣泄心中的不愉快时，就好像卸掉心头一个沉重的包袱。哭好了的孩子，脸上会再次绽放轻松的笑容，理智也会重新恢复。

这段话与脑科学的观点不谋而合。从脑科学的角度来说：

人的大脑分为左脑和右脑，左脑热爱并且渴望秩序，是逻辑的、求实的、语言的；而右脑是全面的、非语言的，它发送并接收面部表情、眼神、语气语调等情感信号，让我们得以沟通。

在孩子成长的过程中，尤其是3岁以前，右脑都占据着主导地位。孩子在情绪中时，他的右脑神经会更剧烈地波动，而掌管逻辑与理智的左脑近乎"失效"。在这种情况下，只有当孩子的情绪释放干净，左脑才会重新发挥作用。[①]

等孩子哭够、哭好如此重要，可很多时候，我们却受不了孩子一直哭。当孩子哭的时候，我们会焦躁不安，想转移他的注意力，想跟他说道理，想劝服他赶紧按我们说的做。如果他的情绪一时控制不住，我们就会心烦意乱。这种感觉多半来自童年我们有情绪时不被接纳的经历，这些经历让我们打心底觉得，哭是软弱无能的表现。

而另一种情况是，孩子的大声哭泣会让我们觉得我们太失败了，没办

---

① ［美］丹尼尔·西格尔，蒂娜·佩恩·布赖森.全脑教养法［M］.周玥，李硕，译.北京：北京联合出版公司，2017.

法让孩子开心，没能力让孩子好起来。如果这时恰巧有旁观者来劝孩子不哭，我们的压力就会更大。可是，哭真的只是孩子发泄情绪的方式。我们没有义务让孩子每时每刻都快乐。

在努力让他不哭之前，首先我们必须允许他哭，允许他有负面情绪。与其着急地寻找各种办法，希望让孩子马上停止哭声，不如陪着他、倾听他，反而能起到四两拨千斤的奇效。

孩子并非在"无理取闹"，而是在发泄情绪

也许看到这儿，你会忍不住说了："道理我都懂，可孩子哭也得分情况啊。如果他磕了碰了、被人欺负了，不用你说，我们也知道要好好安慰。可有时候，孩子就是无理取闹，故意作对，我们不打不骂就不错了，还要倾听、陪伴？那不是任由孩子任性吗？"

说到孩子"无理取闹"，每一位父母肯定都遇到过。但越深入地了解孩子，我越不敢给孩子的行为下这个定义。因为很多时候，孩子内心的伤、没过去的坎，并不能为肉眼轻易所见。

记得《倾听》①一书中举过这么一个例子：

一个6岁的小女孩不敢自己单独睡觉。在妈妈提议分床睡之后，女儿就大哭不止。第一天晚上，妈妈在一旁倾听她抽泣了一个多小时，之后女儿还是觉得害怕，妈妈就像往常一样和女儿同床睡了。第

---

① ［美］帕蒂·惠芙乐，塔莎·肖尔.倾听［M］.陈平良，孙富华，等译.北京：北京大学出版社，2019.

二天晚上，女儿不只是哭泣，还开始拼命挣扎，全身发抖，其间还尖叫着："疼！疼！"妈妈问是什么弄疼她了。她说："蜜蜂蜇的！"那年夏天，女儿的腿的确被蜜蜂蜇过，于是妈妈就看了一下女儿被蜇过的地方。可是女儿却一边恐惧地挥动着手说"不是那里，是这里"，一边狂乱地指着自己右手的手背。正是这个地方，在女儿刚出生几个小时之后，被一位经验不足的医师一连扎了 7 次，才成功地按照医嘱完成了静脉插管术。

看来，独自入睡之所以会引起女儿巨大的恐惧，或许正是因为这件事唤醒了她在出生第一天所遭受的伤痛记忆。于是妈妈倾听着女儿，安慰她，向她保证现在她很安全，直到女儿的哭声渐渐平静下来，恐惧逐渐消退。

神奇的是，经过这一次专注的倾听之后，女儿的情绪得到排解，她与妈妈分床睡也不再是问题了。

初读这个故事，我震惊不已。后来，我渐渐明白，情绪真是一股流动的能量。我们曾经在某些时候受过伤，压抑过恐惧与愤怒，当时或许是把负面情绪"按"下去了，但多年之后，当生活中出现了类似的情景时，往日那熟悉的感觉、不好的情绪又会重新冒出来。

从表面上来看，我们产生那些负面情绪是那么莫名其妙，实际上，那只是因为深藏其后的原因没被我们看到而已。

很多时候，我们很难知道孩子到底被什么影响了情绪，也许是一次家庭变故、一场夫妻吵架、一次生病住院的经历，等等。它们无声无息地在孩子的心里留下了伤痕。如果这些感受在将来的生活中再次出现，在倾听中得到了释放，在陪伴里获得了疗愈，曾经的伤痕就会一点一点消失不见。相反，这些创伤如果总是在暴露出来时一次次被忽视，那它们会一直留在那里，日复一日地显现于孩子"无理取闹"的言行中。

除此之外，还有另一种让人摸不着头脑的"无理取闹"。

一次，我外出学习回来，第二天，我送心心去上幼儿园。一大早，她怎么也不愿意起床，在我的"连环游戏"的攻势之下，才勉强地配合了。穿衣服时，她又开始挑三拣四：说这件不穿，那件不好看。去幼儿园的路上，她一反常态地吵着要去商店买玩具，见商店还没开门，就开始大哭大闹。我看时间不充裕了，便催促她快点走，她却杵在原地，硬要我抱。在我抱了之后，她又提出要去 24 小时自动售卖机买彩虹糖……

这一大早，"挑战"可谓是一个接着一个，让我无力应付。最后，我意识到，她的负面情绪或许并不源于眼前，不在于起不来床、没穿上称心的衣服、没买到好玩的玩具，而在于内心深处一些未被排解的疙瘩。

于是，我果断地拒绝了她的无理要求，告诉她在早上上学路上是肯定不能买零食的。听到"禁令"的她终于放声大哭起来。

看她这样子，我想按时到校肯定是没戏了。就算她强行去了幼儿园，被负面情绪包围的她，也很有可能各种找碴儿。于是我陪她坐在路边，耐心地听她哭完。

只听她一边哭一边喊："我就要吃彩虹糖，你给我买""我不想去幼儿园"……大约 10 分钟后，她的抱怨开始变了，她委屈地说道："妈妈，你以后不准再出去学习，一次也不行""我每天放学都看不到你，也不能跟你睡觉"……她反反复复地说，我这才知道她一早上如此"无理取闹"的真实原因——我们好几天没见面这件事，让她产生了很多的负面情绪。

于是，我一边轻拍她的后背，一边用共情的方式安慰她。慢慢地，她不再大喊大叫，哭泣声也小了很多，最终恢复了平静。又过了几分钟，她主动提出要去上幼儿园。

这种类型的"无理取闹"通常伴随着一连串的"不合作""耍赖"行为，当我们满足了一个不合理的要求时，紧接着又会有下一个。如果我们能及早觉察，并干脆利落地拒绝孩子不合理的要求，反而有助于孩子的情绪释放。在孩子大哭时，如果我们还能在一边耐心地倾听、陪伴，孩子就能感受到与我们的情感联结。在这样安全的环境中，孩子自然会放心地袒露出内心的渴求。

如何倾听孩子的情绪

孩子有情绪时，需要我们耐心地倾听、陪伴，其实这就是在让我们的右脑与孩子的右脑建立联结，让孩子感受到爱与理解。当孩子的情感需求被满足之后，他们的哭闹、愤怒才会平息，孩子才更有可能回到理智与思考中来。那么倾听孩子的情绪时，我们具体可以怎么做呢？

（1）确保我们自己情绪稳定且充满能量

在 CPRT 中，有一个重要原则：父母要学会"做一个恒温器，而不是温度计"。

它说的是，在孩子深陷情绪中时，我们要学会反映她的感受，而不是下意识地做出反应。我们可以体会一下其中的区别：反映是指去看到孩子的情绪；而反应更多的是指被孩子的情绪惹恼，下意识地想去做一些事，比如讲道理、威胁、劝阻等。同时，我们要明白，孩子的情绪并不是我们的情绪，我们无须跟孩子一起产生情绪起伏。只有我们保持情绪稳定，有了充足的能量，才能向孩子传递平和的心态，让孩子感受到安全。

当然，成人也有情绪低落的时候。当你真的能量不足时，就放过自己吧！这时候，让孩子独自哭个够，就是我们能为孩子做的最好的事了。

我们也不必太焦虑，就像前文所说，情绪是流动的能量。如果孩子在哭泣中未能将负面情绪完全释放彻底，那么将来的某一天，这些情绪还会伺机而出，给我们帮忙处理的机会。

（2）向孩子温和地传递我们的爱与理解

孩子哭泣时，我们向他传递爱与理解的方式有很多。它可以是做一些肢体动作，比如拥抱孩子、轻轻地抚摸他的后背、看着他的双眼并为他拭去眼角的泪水；也可以是说一些共情的话语，让孩子知道妈妈懂得他是怎么回事；还可以是重复地说简单的话语："我知道，我知道，妈妈在这儿！"

当然，所有这些外在的技巧与表达，都离不开我们倾听、陪伴时的"将心注入"。当我们有"心"时，怎么说怎么做都对；如果无"心"，再多的表达都是空洞的。

（3）让孩子知道情绪与行为是两码事

当我们传递了爱与理解，孩子哪怕是在失去理智时，也能感受到与我们的情感联结。

但是，理解不代表我们允许或认可这件事。对于一个写作业受挫到大发脾气的孩子，在他释放了情绪之后，我们可以时不时地询问："现在好点了吗？我们去写作业吧！"这样的话语也许会激发起孩子新一轮的情绪宣泄，若是如此，我们就继续陪伴，等孩子不再发脾气了，我们再与孩子商量。

有一次，心心在背《弟子规》，其中一段怎么背也背不下来。连续背了近一小时后，她崩溃得大哭："太难了！太难了！"

我在一旁陪着她，时不时提醒她仍要完成背诵任务，用这样的方式帮助她一遍遍清理内心的挫败情绪。最后，她似乎感觉哭够了，整个人都轻松起来。她说想好好睡一觉，于是我们约定一早起来再完成这个任务。

睡前，她主动帮我倒好热水。第二天醒来，只用了几分钟，她便全部背了出来。

她主动给我倒水这件事让我看到，虽然她一直伤心大哭，但我们的联结始终存在。我时不时提醒她完成任务，也让她看到，发泄负面情绪是可以被理解的，但该做的事不能懈怠。

（4）不与孩子纠结于具体事件与话语

你还记得与伴侣吵架的情形吗？为了表达自己的委屈与难过，我们常常会犯以偏概全的毛病，说出类似"你从不关心我"之类的话；我们可能也会放狠话："我以后都不会再等你吃饭了"，诸如此类。如果另一半当真了，开始在细枝末节处与你争辩，那就完全走偏了。

这时，我们要的就是简单的一句"我爱你"，或者一个有镇静剂功效的拥抱。

孩子也一样，他们深陷情绪时会喊："妈妈，我再也不喜欢你了""你每次都给姐姐买好看的衣服，而我从来没有""我以后都不要跟小花玩""我要把小胖打成肉饼"……

如果我们忍不住跟他展开辩论："你有的很多东西姐姐都没有""小花也有很多优点"，或是讲道理："打人是不对的！今天你要反思自己"，那就是没抓住重点。这时候的重点是孩子的感受。

话语或许是偏激的，但感受却是真实存在的。

处于负面情绪中的孩子就好比溺水之人。这时可顾不上慢条斯理地教他"游泳"了，应该先将他"救"起来！而"救"他的办法，就是看到并在乎他的感受。就是在这一次次的"救援"之中，孩子会渐渐懂得如何平衡自己的情绪与理智。

同时，在这个过程中，孩子能深刻地感受到父母给他的爱是经常的、一贯的、可靠的，内心的安全感也会越来越足。

曾有朋友对我说，每次看到心心，总觉得她眼里有光，灿烂的笑容里好像没有一丝杂质，那么纯粹。我想，或许是因为她总能被允许大哭，而且在她哭泣时，常有妈妈陪在身边，帮助她一点点清走那些阻碍她的情绪垃圾吧！

童年里，还有比这更幸福的事吗？

第五节
如果不紧盯着孩子，他真的能往好的方向发展吗

前段时间，在小区游乐场，我见到一位奶奶带孙子玩。我猜小孙子有七八岁吧。在孩子玩的过程中，奶奶比他还要忙！她一会儿提醒孙子"地上不平，要小心"；一会儿又教他"要仔细听小朋友讲游戏规则，待会儿才知道怎么玩"。这忙忙叨叨的样子，和周围气定神闲的父母们形成了很大的反差。

行为的不同，归根结底是因为背后信念的差异。

在那个当下，这位奶奶的信念是什么呢？她一定认为，孩子是不能被信任的，孩子能力有限，如果自己不教他，不告诉他该怎样做，那么他什么都不知道。

可事实真是如此吗？

那段时间，我正好在阅读美国游戏治疗中心创始人兰德雷斯的著作《游戏治疗》①。这本书一直在传达一种对儿童最基本的相信：

---

① ［美］加利·兰德雷斯.游戏治疗［M］.雷秀雅，葛高飞，译.重庆：重庆大学出版社，2013.

　　儿童与生俱来的天性使得他们能够朝着适应环境、个性成长、独立自主、保持精神健康，以及我们统称的自我实现的方向笔直迈进。

　　换句话说，孩子本身就有自我成长、自我引导的力量，而且这种力量非常强大。

　　我很喜欢这种相信，但坦白地说，起初我也是有一些将信将疑的：这理论是不是有点太美好、太不接地气啊？如果我们不时刻管着、教导着，孩子真的不会变坏吗？不过现在，我对这个理论有了更深的认识与认同。

　　先说说我对我十个月小女儿媛媛的观察吧！小婴儿的世界是最纯净的，他们几乎听不懂我们的语言。他们因为无法沟通，所以暂时无法接受教育。他们活在自己的世界里，靠自身的力量发展自我。

　　　　为了喝到水，媛媛会努力尝试使用吸管杯的方法；
　　　　为了探索周围，媛媛开始摸索怎样爬行；
　　　　看到我们都走来走去，媛媛会自发地学习站起、蹲下。

　　一个阶段接着一个阶段，她一直有一股想要增长能力的强烈内驱力，也有学好一项技能的决心和毅力。

　　记得之前媛媛学习站立的时候，我观察到，一有机会，她就会主动练习，站的时间也一次比一次长；有时她还会迷迷糊糊地醒来，爬到床边，扶着床围继续练习。

　　她真是不分昼夜地努力啊！

　　每一次能稳稳站立很久时，她的小脸上就会扬起满足又得意的笑容。

　　在整个过程中，没人教导她："这阶段你该练习站了。这是走之前很重要的一步。一天我们最起码要练习站一小时。站的技巧是这样，前倾容易摔跤……"

一切都是那么自然而然地发展着，遵从着成长的规律。

可孩子渐渐长大后，就很少再有这么清静的好时候了。自打她能听懂话，大人的教育就开始"侵入"了。

这么多饭必须吃完。不能剩！多吃点，才能长好身体。来，再吃一口！

怎么会不冷呢？过来再多加一件衣服，要保暖。

这个你不能爬，你还太小，爬不上去的。

我们不相信孩子冷暖自知、饥饱有数，不相信他们有自己的判断力。当然，涉及安全问题时，我们的确要及时看好孩子。除此之外的很多时候，不得不说，我们的教育都是一种徒劳的尝试，甚至起到了反作用——过多的教育，让孩子成长的"原装系统"开始出现"乱码"、变得混乱，甚至因为影响到了孩子的独立意志，最终事与愿违。

举个常见的例子，每个人都是天生爱美食的，孩子也不例外。可如果我们将"吃"上升到一个很重要的位置，一旦自认为孩子没有吃够，就哄劝、强迫孩子吃，孩子对这件事天然的兴趣反而被破坏了。甚至孩子为了反控制，想体会"为自己做主"的感觉，可能就会吃得更少。

据说我小时候就是一个"吃饭困难户"，瘦得可怜。奶奶喂饭时，总是要趁我不注意，一口口地塞进我嘴里，有时还要一边和我玩游戏一边喂我吃：劝我帮妈妈吃一口、帮爸爸吃一口、帮姑姑吃一口，我才能勉勉强强吃完一小碗。可现在，我不用帮任何人吃饭了，想少吃点好瘦下来都控制不住自己。

用心理学家曾奇峰老师的话来总结就是：

如果要破坏一个人对什么东西的兴趣，我们可以不断地对这个人强调这件事的重要性。这是人类经常做的一件非常傻的事——把自然而然的东西赋予一些非自然的意义，把来自这个人内心天然的动力变成来自外界的强加压力。

而这，不正是我们在教育中经常干的事吗？

对吃饭、穿衣、玩这些事，孩子有天然的兴趣是我们不难理解的。可对于学习、练好一项技能等需要付出很大的决心与毅力，而且经常很枯燥的事，没有大人管着、监督着，孩子真的能行吗？

其实道理也一样。我先举个我自己的例子吧！

在小学、初中时，我基本上都处于放养的状态，学习成绩一直挺不错。自打上了高中，我妈恍然醒悟，集中火力管我学习之后，我就开始成了一个神仙都扶不起来的阿斗。

我妈当时主要做了两件事：一件是密不透风地管控我，就连我放学迟了几分钟到家也要质问清楚原因；另一件就是逮到机会就对我强调学习多么重要。

在这样的强力监管之下，我的自我意识开始觉醒了，总想为自己找回点控制权。妈妈觉得"向东"好，我就"向西"。我"向西"并不是我真的觉得"西"好，只是因为妈妈让我"向东"而已。所以，那时我的学习成绩一塌糊涂。

但上了大学之后，没人再管着我了，我自身的力量与判断力又渐渐觉醒。当我看清了自己想要的生活，就算没人逼迫，我也能自发努力了。

当然，说这些并不是想怪罪父母什么。不论他们做了什么，我相信他们都尽了自己最大的努力。并且，就算在那样的环境下，我依然是有选择的。只是我选择了错误的方向。

我的成长经历让我相信，每个人都有笔直生长的内驱力，如果偏离了成长轨道，那么一定是因为遇到了某些阻碍。

不过，对于放在自己身上成立的道理，有了孩子之后，我还是抱有一定的怀疑。也许我们从没有被信任的体验，所以很难完全信任孩子，生怕一松手就失控。可最近发生的两件事让我触动很大。

第一件事和心心学跳舞有关。心心一直很害怕舞蹈老师，不太愿意跳舞。加之她在这学期要参加比赛，排练很辛苦，所以在没有舞蹈课时，心心总会很开心。

我一直以为下学期她肯定不想学了，心想要不就停了吧。我与她商量时是没抱任何预期的。可没想到，她却告诉我还想继续学！

我很怀疑，问她："你想好了啊，在幼儿园，中午别的小朋友都在睡觉，老师叫你起来练舞，你能行吗？"

"可以！"

"为什么啊？"我好奇地问道。

她扬起小脸，坚定地告诉我："因为我想做一个很厉害的人！"

哎呀！我真是太感动了！

另一件事和心心学英语有关。她学了一学期的分级阅读课程结束了。我征求她的意见，问她还要不要继续学。

她一口就否决了，又补上一句："但是，我希望我能读得最好（在幼儿园）。"

这两件事让我看到，孩子自身就有想变得更好的原动力。但不同的是，对于某些事，比如跳舞，她有信心去面对其中的辛苦、困难；而对于另一些事，比如学英语，她还需要我们的帮助。

也许有人会质疑："那是你家孩子；我家娃如果不被逼着，绝对不想吃多余的苦。"我想，如果一开始我就替她做好决定——必须学下去，再想方设法劝说她，说不定等来的就是另一番风景了。

当孩子没有选择的自由时，不仅仅是我们，连他自己都很难听见他内心真实的声音是什么。

阐述了这么多内容，我只是想说明一点：要对儿童抱有"相信"。但这并不代表作为父母的我们什么也不必做，对孩子放任不管就好。这种对于人性最基本的信任，能给我们带来以下两点关于教育的深入思考。

（1）对教育行为的自我纠偏

一旦我们相信每个人内心最深处都有向善向好、自我实现的渴求，那么，当孩子的行为与信念严重偏离正轨时，我们就会有意识地对自己的教育行为进行检验——尝试将我们认为的"因果"倒置，进行反思。比如：

我们认为因为孩子不好好吃饭，所以我们不得不追着喂；

因为孩子学习不自觉，所以我们不得不每时每刻盯着；

因为孩子脾气不好，所以我们要严加管教。

那么，"因果"倒置之后，我们可以试着这么问问自己：

有没有可能是因为我总追着喂，所以孩子才不好好吃饭呢？

是不是因为我每时每刻监督着孩子学习，所以他越来越不自觉呢？

会不会是因为我管得太严，所以孩子脾气不好呢？

一开始，当这么问自己时，我们会感到很荒谬。的确，这违背了我们的信念与认知。但很快我们就会发现，一旦以此为起点展开思考，我们就能寻得破局的方法。

接下来，我们还可以进一步排查是哪个环节出了问题。

自我决定理论的创立者德西和瑞恩提出，所有的人，包括儿童都有三个基本的心理需要：归属感、自主感和胜任感。如果这些基本心理需要没有得到满足，孩子的内在动机就会被破坏。

我们可以一个个来看。

首先是归属感，它指的是孩子能感受到爱与归属。

如果孩子学习成绩好，我们就爱他，学习成绩不好，我们就对其大发脾气，觉得孩子丢了我们的脸，那么孩子的归属感就被破坏了。也就是说，不论我们想促成孩子做什么，在这个过程中，都要让孩子感受到爱。

其次是自主感，它指的是孩子在做某件事时能感到自己是有自主权的。

一个原本热爱音乐的孩子，如果在练习乐器的过程中发现自己不能决定每天练习多长时间、以什么样的频率练习，久而久之，他就会有一种总被强迫练习的感觉。慢慢地，内在动机也会被削弱。

当然，这并不是说，我们就要让孩子全权做主。我想表达的是，我们可以在这个过程中与孩子商量，或者在一定的范围之内给孩子选择权。

最后是胜任感，也就是孩子感到自己是有能力胜任某件事的。

孩子往往欠缺情绪管理能力，遇到挫败时很容易以错误的方式发泄情绪。此时，如果我们不给孩子贴"脾气不好"的标签，并且在每一次孩子控制住情绪时都向孩子传达："你看你是可以做到的！"那么在控制情绪这件事上，孩子就会有胜任感，内在动机就能被激发。

总之，当孩子失去了做一件事最原始的动力时，对照以上三个基本的心理需要，我们就可以检验出是什么地方出了问题。

（2）探索如何借力而行

既然孩子天生就有向好生长的力量，那我们不妨借力而行、顺势而为，这样，教育成效也会事半功倍。

放寒假的时候，我和心心一起制订假期学习计划。

一开始，我邀请她闭上眼睛去想象一个画面：她经过一个寒假的努力，阅读了很多的英语绘本，因此，英语能力大大提高。到了幼儿园，阅读起以前让她犯怵的高级别读物，她都能朗朗上口了。同学们、老师们见状，惊得下巴都快掉下来了，纷纷好奇地问心心："你是怎么做到的？"

做着"美梦"的心心忍不住哈哈大笑！这时，我趁机说："要达到这个水平，每天都要努力读书才可以呀！你想每天读几本呢？"

心心已经"飘"起来了，想都没想就大声喊："100 本！"

也是，100 已经是她认为的最大的数字了。

孩子说话不清醒，妈妈还是要心里有数的，我又说："100 本太多啦！那样的话，你都不能吃饭、睡觉了，妈妈可要心疼了！这样吧，咱们每天就读 5 本。剩下的时间你可以自由安排，比如玩一玩、听听故事。"

"不行，最少 10 本！"心心不同意。

一番"讨价还价"之后，我们最终定的是最少 5 本，再往上想读多少就随意了。

当然，我也知道，目标终归是目标，就像咱们大人制订的新年计划一样，很有可能实现不了。于是我又细致地与她讨论了在她畏难、不想阅读的时候，我可以怎样提醒她。

像这样向她自身的原始动力借力的教育方法，不仅让我更轻松，也让孩子体验到满满的自主感与动力。

当我们开始相信孩子自身的力量，而非监督的效力时，在教育中，我们扮演的便不再是一个管控者，而是一个支持者的角色。我们会更尊重孩子，而非更相信自己。当我们以这样的姿态面对孩子、与孩子互动时，被尊重、被信任的他们就会更有安全感！

第三章

关注联结，滋养关系

——陪伴孩子也是一种滋养自己的方式

在育儿生活中，有些父母就像繁忙的救火队员，时刻关注着孩子的种种"问题行为"，然后一个个去"扑灭"；而有些父母却淡定从容，享受其中。我想，后一种父母大多抓住了养育中的要点——有意识地滋养亲子关系。好的亲子关系会让孩子有充足的安全感。有了安全感，孩子才会放心地探索世界。

如果表达方式不对，我们始终走不进对方的心里。

第一节
主动与孩子建立联结，从小培养孩子的安全感

培养孩子安全感的关键，在于我们要主动地与孩子建立联结。

那么，什么是联结呢？它是《游戏力》一节中的核心概念，指的是能被感知到的、亲子间紧密的情感纽带。

怀胎十月时，母亲与孩子是天然联结在一起的。孩子出生之后，我们与他深情凝视是一种联结；我们放下身段走进孩子的世界，陪他一起玩游戏是一种联结；在他摔跤时，我们抱着他，感受着他的疼痛同样是一种联结。

与联结相对的是联结断裂。

孩子虽然无法表达清楚，但是天生能感受到这种状态。

记得有一次我和心心爸因一件很小的事争吵了几句，互不相让。在一旁的心心看在了眼里，事后她对我说："妈妈，你知道吗，刚刚你对爸爸生气的时候，虽然你们离得很近很近，但我感觉你们很远，就好像你在房间里，爸爸在很远很远的那个地方。"说着，她指向窗外的远方。

她所说的不正是"联结断裂"吗？

不仅仅是夫妻之间、朋友之间，我们与孩子之间也常会遇到各种各样的联结断裂。当我们与孩子分开，当我们不能理解孩子的心情，当我们试图以我们的方式控制、改变孩子，这些时候的状态都是"联结断裂"。

可以说，联结断裂是各类育儿挑战的根源，而化解之道就是主动与孩子建立联结。

要想与孩子建立联结，我们可以从以下四个方面着手。

观察生活中需要联结的时刻

只有有意识地观察生活中哪些时刻需要联结，我们才能提前做好思想准备。这不仅能有效地减少育儿挑战，还能让我们与孩子更好地互动。

基于我的生活经验，我尝试做出了以下归纳。

（1）从早晨起床到上学之前的这段时间

联结的方式可以是叫早游戏，也可以是温柔的唤起声；可以是一顿用心有爱的早餐，也可以是上学路上的聊天。这样的联结，会让孩子更有能量面对一天的独立生活。

（2）孩子刚放学回到家，或是我们忙了一天回到家的那一刻

一整天的"联结断裂"，让这个时刻的"重建联结"显得尤为必要。在孩子放学回家后，给他一个大大的拥抱；耐心地倾听、好奇地询问他的校园生活，或是招待他吃吃水果、休息休息，都是不错的联结方式。

不过，如果是我们忙了一天刚回到家时，联结似乎就不那么顺畅了。这时我们往往太疲劳，一心想找个安静的地方放放空，孩子却总缠着我们

给他读书、陪他玩游戏。发现了这个"小冲突"之后，回家途中，我便尝试先与自己进行联结——我会用正念的方式进行几个深呼吸，再引导自己将注意力从工作中转移出来，关注"全心全意陪伴孩子"这件事。有时思绪实在太繁杂，我会先在小区散会儿步，直到确定自己状态良好，我才会回家热情地与孩子联结。

这时候的"联结"，会给孩子满满的安全感。在接下来的大部分时间里，他们就不会再以各种方式索求爱了。

（3）在孩子处理一项困难的工作之前

在孩子写作业、练习钢琴等困难工作开始之前，我们可以尝试用联结的方式帮助孩子进入状态。这种方式可以是玩小游戏，或者是听孩子说一说新学曲子的感受。必要时，我们可以先陪伴孩子进入状态再离开。这样一个好的开始，会让孩子更加顺利地完成任务。

（4）在孩子与朋友分别之后

与朋友开心地玩了一天后，在回家途中，孩子往往会不开心。一方面，他正经历与朋友间的"联结断裂"；另一方面，在玩的过程中，他多半也没有与我们好好联结。这时我们不妨抱抱孩子，倾听他的感受，或者与他聊一聊回家后我们还可以干点什么。这种"与孩子在一起"的联结状态，能帮助孩子更好地调整自己。

（5）孩子深陷负面情绪的时候

深陷负面情绪中的孩子就好比一座孤岛，需要我们主动地与他联结，来化解他内心的紧张、挫败与伤心。当我们通过拥抱、陪伴、倾听来帮助他渡过困境时，他便能更加轻松、愉快地面对生活。

当然，孩子渴求联结的时刻远不只以上这些。大家可以多观察观察自家孩子什么时候需要联结。只有将这些关键时间点清晰化了，我们才能有针对性地给足孩子安全感。当孩子有了安全感时，他便会更加独立、自信。

准确识别孩子发出的"联结"信号

孩子看起来最不可爱的时候，往往是他们最需要爱的时候。如果我们发现孩子突然变得黏人、爱发脾气、总跟我们对着干、没事就哭哭啼啼，先别急着批评、惩罚、威胁、打骂，因为这些方式都会加剧"联结断裂"。如果你坚持用"联结"的方式回应孩子，你会发现，孩子的问题行为越来越少了。

用孩子喜欢的方式与他联结

总的来说，联结有两种方式：其一是给予爱，即给孩子陪伴、关注、与孩子进行身体接触，倾听孩子，等等；其二是与孩子一起玩游戏，即通过游戏重建沟通，一起大笑，释放情绪。

联结的形式有很多，但我们需要观察孩子喜欢的、接受的是哪种。

说到这儿，我不禁想到心心爸偶尔会与孩子"语言不通"。他每次下班回到家时，心心常常兴高采烈地想与他玩游戏，嘴里不停地说着各种玩游戏的好点子；爸爸却好奇地询问心心一天的幼儿园生活。

在一边的我，能明显地感觉到这两个人都那么急迫地想要联结，却始终不成功。

这就好比一对恋人，女人认为男人多做家务就是对她最好的爱，男人却觉得送礼物才是爱的表达方式。心意是有的，但如果表达方式不对，我们始终走不进对方的心里。

与孩子联结也是一样。我们要遵从"人之所欲，施之于人"的道理。

在特殊时光储存"联结"的美好能量

我们不得不承认，在生活中，我们没法做到每时每刻都响应孩子的心理需求，与他及时"联结"。比如，在上班日的早晨，我们着急出门，孩子却哭着喊着还要多读一本书；他渴求与我们联结，但着急上班的我们难以满足他们的愿望。为了减少这种猝不及防的情况，我们应该在平日有意地储存"联结"的美好能量。

我们可以与孩子约定一个"特殊时光"。在"特殊时光"里，要确保以下几点。

（1）一对一陪伴：一个家长只陪伴一个孩子。

（2）屏蔽干扰，全情投入：在这段时间里，我们不能看手机、做家务，而要将身心都放在孩子身上。

（3）跟随孩子做他喜欢的事，由孩子主导全局。

（4）固定时间，让孩子可预期：《正面管教》[①]一书建议，对于6岁以

[①] ［美］简·尼尔森.正面管教［M］.玉冰，译.北京：北京联合出版公司，2016.

下的孩子，我们可以每天都留给孩子 15 分钟的"特殊时光"；对于 6 岁以上的孩子，可调整到一周 30 分钟。我们要尽量将"特殊时光"的时间固定，让孩子可预期。

"特殊时光"是一个我们专注于与孩子联结的时刻。每与孩子共度一次"特殊时光"，就好比往"亲子情感账户"中存入了一笔"积蓄"。等"积蓄"足够多了，我们就足以应付生活里的"不时之需"。

美国人际神经科学家丹尼尔·西格尔博士在《心智成长之谜》①一书中说道，联结是安全依恋的基础。是的，在一次次的"联结"之中，孩子的安全依恋模式得以形成，而这终将惠及将来他与朋友、与伴侣的关系，让他的生活更幸福！

① ［美］丹尼尔·西格尔.心智成长之谜［M］.祝卓宏，周常，译.北京：中国发展出版社，2017.

第二节
如何向孩子"花式"表达爱

想让孩子更有安全感，一方面，我们要学习如何更好地看见孩子、理解孩子，关注亲子联结；另一方面，我们也别忘记爱的表达。

最初我之所以产生这个概念，是因为受渡渡鸟的《妈妈是什么》[①]一书的启发。

书中有一篇《所有的花朵都是"妈妈爱宁宁"》，讲的是渡渡鸟开车载着女儿宁宁，一路上遇见了许多开花的树。宁宁问："妈妈，为什么开了这么多的花呀？"渡渡鸟本想用植物学来解释，想了想，还是决定给女儿一个"爱人式的回答"："这些花是因为妈妈爱宁宁才开的。因为妈妈爱宁宁，妈妈从小就爱亲宁宁，所有的亲亲都变成了花。"

"哇！这个回答简直太迷人了！"看着书，我不禁这样想，也为作者的浪漫暗暗叫好。说不定，宁宁将来长大，再看见满树繁花时，还会想起妈妈对她说过的爱语呢！

[①] 渡渡鸟.妈妈是什么［M］.杭州：浙江文艺出版社，2017.

从这之后，我开始意识到，给孩子安全感，除了要在点滴行动中传递爱，言语的表达也是那么不可或缺。这一句句爱的言语聚集在一起，并不仅有锦上添花的效果，更是孩子夯实自我价值感、学会自尊自爱、感受爱与温暖的最初能量源泉。

明白了这一点，我便时不时地、毫不吝啬地用我习惯的方式向孩子表达爱。

充满爱的语言

有时，我会像渡渡鸟一样直接把爱说出来。

一个周末的白天，我哄媛媛睡觉，自己渐渐地也有些犯困了。于是，我安排在一旁等待的心心听故事，我告诉她，听完 5 个故事就叫我起床，但在这之前，最好不要找我说话，因为我很想好好休息休息。心心点头答应了。

一觉醒来时，我发现自己竟然足足睡了 2 小时。睡之前，心心就坐在飘窗上听故事，醒来后，她依然在那儿安静地坐着听，一动不动。

我顿时觉得特别感动，我猜眼前的这个小孩一定有千百次想找我聊天的冲动，我并不知道她是怎么克制自己的。问过她之后，她告诉我，当她想跟我说话时，就提醒自己：不能说话，让妈妈睡个好觉吧！于是一会儿她就忘记想说的话了。

我看着她，认真地说道："谢谢你，心心！妈妈睡得真的好舒服哦！"我又打趣地假装问她："你说，妈妈怎么就生了你这么好的宝宝呢？"

　　心心有些不好意思，似乎对自己也很满意，歪着头自顾自地回答："对呀，我就是很好呀！"

她好像特别喜欢这个爱的表达，很久之后还能记得很清楚。有时，做了一件自己觉得很好的事时，她会主动要求我再说一遍这句话。

和这句话分量一般重的还有一句，原句来源于一土学校的创始人李一诺。我依据实际情况把原句改成：

"心心，你知道吗，如果全世界的 5 岁小孩子都坐在一起，排成一排，让我选一个，我就选你！"

她在兴奋之余会问我："那妈妈，如果全世界的 1 岁小孩放在一起，你是不是会选媛媛？"

"嗯，是的！"

听我这么回答，她觉得很好，没有一丝嫉妒。

或许被爱填满的孩子，内心也是充盈、踏实的吧。因为她知道妈妈的爱有很多，就算有一部分给了妹妹，自己获得的爱还是那么充足、源源不断……

充满爱的信件

有时，我会用写信的方式向心心表达爱。

我会写："亲爱的心心，我在想你，我想你是如此的有爱……"具体请见图 3-1 "写给心心的信"。

图 3-1　写给心心的信

在信中，我会列举出她最近做过的、让我觉得特别感动、欣赏、不可思议的事。等她从幼儿园回来时，我会先让她蒙住眼睛，数到 3 之后，再将信展现在她眼前，然后一句句读给她听。

第一次读信时，刚读到第一句，情感细腻的心心就感动得哭了。

在 CPRT 课程中，Cary 老师还分享过一个做法。在孩子很小时，她就给孩子申请了邮箱。每当有想记录的关于孩子的小故事或者想跟孩子说的话，她都会与先生把这些内容写成邮件，发送到这个邮箱里。

她说，等孩子到了青春期，他们可能就不再那么需要我们了，他们会有自己的圈子、想法与烦恼。那时，她会告诉孩子邮箱地址，让孩子知道，这一路，父母对他的爱有多深；让孩子看到自己是那么独一无二，如此被珍视。也许这些温暖的成长记录能给孩子力量，陪伴他们度过生命中的黑暗与低谷。

充满爱的嬉闹游戏

更多的时候，我会在一场场疯玩的游戏中借机表达爱。

有时，我会假装误喝了一种"100个亲亲"的魔法药水。这种药水的"魔力"在于，一个人喝完之后，就想给第一眼看到的人100个亲亲。通常，当我说出"我要亲你100下"时，心心就会吓得到处逃跑，而我穷追不舍，只为亲到她。

每次我俩都会玩得很尽兴，心心一边跑，一边尖叫。而如果她被我抓到，我就会趁机将她抱在怀里亲个够！

还有一个"充电"游戏，我们会时不时地一起玩。

在心心小的时候，每次带她出门跟小伙伴玩耍，玩一阵子之后，她便要回头找我，来我身边腻歪一会儿，似乎这样子重新"充满电"了才能更好地走出去。

我想，既然想"充电"，那就好好充个够吧！于是，我将这个过程变成了一个小游戏，在她回来时，我会说："哎呀，小机器人又没电了，来吧！接上充电宝！"然后我用双手抱住她，假装在她的背部找到了充电插口，说一声"滴滴"表示开始充电。

不一会儿，她就觉得满足了，挣脱着想去玩。可我还不想放她走，我央求道："再充一会儿嘛！别急呀！我想多与你待一会儿！"

听我这么说，她便无论如何都要逃走了。

有时，我还会扮成一个超级黏人的充电宝。当"小机器人"还不想"充电"时，我就会主动张开双臂，焦急地冲她大喊："主人，该回来充电啦！快让我抱抱你吧！"

这个小游戏让心心感受到满满的爱。有了妈妈的爱在一边守候，她就可以独立地走得更远，玩得更安心。

绘本故事也可以是我们与孩子游戏的灵感来源。在我的父母游戏力社群中，群友鲤鱼就分享过一个由经典绘本《逃家小兔》[①]变形而成的游戏——"逃家小孩"。我和心心"试玩"过一次。

一天放学，因有事耽搁，我接心心时迟到了。赶到幼儿园时，只见老师陪着她站在大门前，她眼巴巴地瞅着外面，满脸不高兴。

在回家的路上，她不停地对我抱怨，"所有的小朋友都走了，他们的爸爸妈妈都来了，就你不来！我等得好辛苦！"

我听着，抱抱她，向她解释我为什么迟到了。过一会儿，她似乎平静多了，但还是一个人走在前面不想理我。

这时，天上正好飞过一架飞机，我灵机一动，想起"逃家小孩"

---

①［美］玛格丽特·怀兹·布朗，克雷门·赫德.逃家小兔［M］.黄逎毓，译.济南：明天出版社，2013.

的游戏，于是故作紧张地说，"哎呀，心心生气了，她该不会变成一架飞机飞走了吧？"

接着，我又模仿着《逃家小兔》中的妈妈，自信地说道："没事！如果心心变成飞机飞走了，我就变成广阔的蓝天，这样，我每天都能拥抱她！"

听我这么自言自语，心心好像明白了我发出的游戏"信号"，因为我们前不久就共读过这本绘本。只见她看着路边的石头，张口就来："哼！妈妈，如果你变成蓝天，我就变成石头，让你找不到我！"

"啊？"我有些紧张，但一想，又回道："如果你变成了石头，我就变成长在你身边的小草，每天都陪着你！"

"你要是变成了小草，我就变成蚂蚁，把我的家搬走，离你远远的！"心心生气的小脸上开始忍不住有了笑容。

"你要是变成了蚂蚁呀，那……那我就变成一颗大饭粒吧！让你把我搬回家，我就能和你一直住一起了！"说着，我还假装陶醉，"嗯，能和你永远在一起，简直太开心了吧！"

心心大笑，"还开心呢！那……我就要……把你吃掉啦！"

"啊，不要！"经她一提醒，我突然反应过来了，拔腿就跑。

心心乐不可支，一边追，一边大叫，"我的大米粒呀！快停下来！"

就这样，我们笑着闹着回到了家。

之后，偶尔心心生气时，我还会想起玩这个小游戏。每一次，我们都会有不一样的创意，但一样的是，妈妈永远都能给她无限包容又深情的爱！

还有些时候，我并没有什么好点子。这时，我会问心心："妈妈现在好想跟你玩哦，但不知道玩什么，你有什么好主意吗？"

心心通常都有好想法，我只负责和她一起实现就好。

我想，在孩子心里，爸爸妈妈愿意蹲下身来，加入他们的世界，不管最终玩了什么，这满满的诚意本身就能传达对他们无限的爱意了。

英国精神分析学家温尼科特曾说，孩子必须确认自己可以随时回家，才可以安心地向前发展。

孩子眼里的有家可回，并不是妈妈需要时时刻刻地陪在孩子身边，而是妈妈与孩子在一起时能给足孩子安全感。当这份安全感安放于心时，孩子不再对妈妈的爱心存怀疑，便能独自与自己相处，勇敢地探索周围的世界，安心地交朋友……他们会走得很远，会很好地发挥自己的潜能，同时内心无比安定、踏实。

第三节

活在当下，是父母给孩子最好的陪伴

大部分父母都有过类似的经历。

在陪孩子散步时，孩子兴奋地叫着："妈妈，我们比赛跑步吧！"我们心不在焉地回应："等一下，你先跑吧，妈妈有事。"我们低下头，又看了看两分钟前才看过的朋友圈。

孩子踩着滑板车，骑得飞快，冲我们叫道："妈妈，你看我骑得多好！"我们无暇感受她的快乐，只是敷衍道："是呀！现在我们去买菜吧！该回家吃饭了！"

孩子好奇地捡起地上的小玩意，问我们："妈妈，这是什么？"我们神游一般自动屏蔽，直到孩子重复到第五遍，才如梦初醒，可又立马阻止道："我不知道，快放下，脏死了！"

作为父母，我们似乎有操心不完的事：要计划时间的安排、一日三餐的准备、工作琐事、人际关系……我们总是步履匆匆，划掉"To Do List"（待办事项）中的一项，紧接着就开始下一项。唯有在陪伴孩子的时候，我们才能放松一下自己。于是，就常常会出现这种"人在心已远"的场景。待一切忙完，孩子睡着，我们却又忍不住翻出相册里孩子的照片，欣赏着孩子的可爱，感叹着日月如梭。我们缅怀过去，我们期待未来，却唯独无法好好地活在当下。

这样的我们纵使陪伴了孩子几小时、一整天，孩子仍会感到不满足。他们总觉得与我们的联结不够多，于是一次次邀请我们加入他们的游戏；他们总觉得爱还没有盛满，于是舍不得入睡，要求我们讲一个故事，再讲一个；他们感到孤单，希望吸引我们的注意，甚至不惜用一些不好的行为来博取关注。

在育儿中，有一个很重要的做法叫作"高质量陪伴"。高质量陪伴的大前提，就是父母能全然地活在当下。

父母活在当下这件事有多重要？

（1）活在当下，陪伴孩子也是滋养自己

心心小时候有一个最爱的游戏：躲猫猫。可她总会躲在卧室窗帘后面，无一例外。每次我们都要把戏演足，要好奇地说："心心不见了！""心心在哪里呢？""你看见灯了吗？""你看见电视机了吗？"……说完这些台词，我们再"不经意"地去窗帘后面找她。当这个游戏被重复很多遍时，我内心是拒绝的。心心爸却乐此不疲，享受其中，总能把游戏玩出不一样的花样。那一刻，他似乎也变成了一个快乐的大孩子。

看到心心爸的状态，我才明白，当我们能活在当下时，我们才会放松下来，才能看到孩子的童真与可爱，与孩子顺畅联结。在满足孩子的同时，我们自己也能回归最简单、最纯朴的状态。

（2）活在当下，此刻就是一枝花

一次心心玩滑板车时，爸爸试着调节了一下车杆的长度。心心发现车杆能变长变短后，就要求我们把车杆调高，可是即便车杆调到了最高，她也不满意，还要更高。我们向她解释："调不高了，这是最高的。"可那时她还小，理解能力有限，她不停地抱怨，赖着不走，一定要达成她的目的。

我向她解释了大约五分钟，还是说服不了她。搁在平时，我一定早就不耐烦了。但是那一天，我没有。我蹲在深秋金黄的银杏大道上，感受着清爽的微风，感觉此刻如此美好。眼前的这个小人儿虽然执拗，可这就是2岁多小孩的模样啊！这么一想，我竟觉得面前的她可爱了起来。

于是我耐心地与她共情，听她哽咽地说，她想让车杆升到天上去，和大树一样高，和天一样高。我陪着她，顺着她的描述去想象，感受孩子心里那童话般的世界，我一遍遍说出她的想法，直到她平静下来。然后，一个主意冒出来，我提议："要不你和滑板车比赛跑步怎么样？"她马上就单手拉着滑板车欢快地跑起来。

她稚嫩的背影跑进美丽的秋景中，这画面让我不禁感叹：此刻就是一枝花。

一位全职带娃8年的朋友曾与我谈起自己的全职妈妈时光。她说所有的付出都是值得的，孩子现在的阳光、健康、快乐让她特别满足。她虽把工作落下很多，但稍一努力很快就步入了正轨。要说唯一让她感到遗憾的事，那就是当初自己的焦虑。身在其中时，她总担心自己有没有落后于同龄人，担心会不会将来找不着好工作。这样的心态让她没法足够从容地陪伴孩子成长。

是啊，回首岁月时，很少有人会后悔自己怎么没早些成功，也很少有人会后悔怎么没尽早赚到钱，因为我们明白，这些都是一步一个脚印自然而然走出来的结果。我们常常懊悔的是，孩子瞬间就长大了，老人在不知不觉间就苍老了，而我们却没来得及好好陪伴……

回不去的过去，未到来的未来，都不是我们能把握的。我们能把握的就是近在眼前的当下。

如一行禅师所说，当你爱上某个人的时候，你能给予他最好的礼物就是你的临在。如果你都不在那里，你怎么去爱呢？

那么，如何临在？如何通过临在表达我们的爱？我从以下三个方面进行了刻意练习，或许会对你有一些启发。

（1）有意做一些正念练习

如果我们停下来观察自己，便会发现，我们的大脑一刻不停地在思考。它会产生很多的念头，让我们无法安住于当下。

每天的清晨和睡前，我都会跟随"Now" App 做一些正念冥想练习：有意识地关注自己的呼吸，将注意力集中到当下，关注身体与周围的环境。

这样的练习持续一段时间后，在日常生活中，我开始可以有意识地保持正念。比如，在行走时，我会关注自己听到了什么、看到了什么、双脚与地面接触的感觉、我的呼吸与步伐配合的节奏，等等；在陪伴孩子时，我也能带着觉察提醒自己关注当下，我会先调整一下呼吸，接着怀着好奇心全身心投入到对孩子的陪伴中。

（2）从游戏时光开始，练习"全神贯注"

在参加了美国的亲子关系治疗之后，我每周都会保证与心心有 30 分钟的特殊游戏时光。在这 30 分钟里，我会投入全部的注意力去陪伴她。

玩这些游戏也有一些技巧，比如：

我们要通过孩子的行为及时反映孩子当下的情绪与意图；

与孩子调整到同一情绪频道上，用自己的语调体现孩子当下的感受；

在身体姿势上，我们要让自己的"脚尖跟着鼻子走"。这是一个很形象的说法，试想一下，当我们的脚尖与鼻子朝向不同时，例如：扭头与孩子说话的姿态就不是一个开放面向孩子的姿态。而只有当我们"脚尖跟着鼻子走"时，孩子才能感受到我们开放的心态与全部的关注；

对于孩子的行为，暂时抛去所有的评判。

当然，这背后的学问很大，我无法在这里具体地讲清楚每一项。有兴趣的父母可以自行参加这类培训。

值得借鉴的是，我们每周可以给自己安排一个固定的、相对短的时间段，去感受这种全然与孩子在一起的感觉。慢慢地，这种全神贯注的状态就能延续到生活中。

（3）虚心接受"禅宗大师"的引领

小孩的状态常常就是清清楚楚地看自己、看当下的状态。所以，孩子是近在眼前的"禅宗大师"。

当孩子高喊："妈妈，陪我玩陪我玩！""妈妈快看这里！""爸爸，听我说！"……这是"禅宗大师"在提醒我们活在当下呢！

这个时候，我们不妨摇摇头，甩开那些杂念，调整呼吸，专心跟随"禅宗大师"的引领吧！

如果说，我们活在当下的状态是送给孩子最好的礼物，那么，孩子将我们带回当下的提醒，何尝不也是他们送给我们最好的礼物呢？

因为孩子，因为这份提醒，那些注定要在我们生命中偷偷溜走的时光，又会变得明亮、生动、有意义！

第四节
不给孩子他们想要的东西，真的好吗

周末傍晚，我们一家人去广场上玩。3 岁的心心在我们前面开心地奔跑，我和心心爸跟在后面一边散步一边聊天。广场上非常热闹，小贩们卖着各种玩具：会飞的小黄人、会爬高翻身的毛毛虫、匍匐打枪的光头强……这些质量并不好的小玩具总是能引得孩子们驻足。小贩们见有孩子停下来看，便更卖力地展示起来。

终于，心心停在了一堆缤纷的大泡泡面前。她看了一会儿，开口说道："妈妈，我要泡泡！"

心心爸本能地回应道："喜欢泡泡就在这里看看吧！"

心心看了一会儿，好像不尽兴一般，又再一次要求："妈妈，我想买泡泡！"

我想立马满足她，却被心心爸阻止："你不能让孩子养成看到什么都要买的习惯啊！"

我虽然觉得心心爸对孩子要求严格了些，但想想好像也有道理，于是忍住了冲动，只是重复着："心心，喜欢就在这儿看看吧！"

心心只好眼巴巴地看着大泡泡随风飘走、破灭，好像她小小的愿望也破灭了一般。看着小人儿孤单又可怜地站在小摊前，我有些心疼。

最终，她决定直接上去拿，她挑了一个，"通知"我："妈妈，我要买这个！"

我看了看心心爸，心心爸坚定地说："把她抱走！"由于心心爸在家中一直是"家长派"的作风，这种权威感压得我没做任何思考就直接去行动了。我走过去，温柔地跟心心说："咱们不买，如果你喜欢，就在这儿看看好吗？"心心当然不乐意，于是大哭起来，我抱她走的时候，她拼尽全力要挣脱我的怀抱。

我强行抱着挣扎的心心，内心也憋屈极了。想想她平时并不是一个见什么都要的孩子，于是，我开始为她鸣不平："广场上有这么多玩具，心心想要别的了吗？她一直很喜欢泡泡，而且很久没玩了。"

心心爸沉默了，我继续说："让孩子开开心心的有什么不好？为什么对于她这么简单的要求，我们都要刻意拒绝她？在孩子小的时候，10块钱的小玩具就能让她开开心心，长大后就没有这么容易了！"

心心爸还是不情愿，但最终妥协了。得知爸爸同意给她买泡泡时，心心破涕为笑，去小摊上选了一个她最喜欢的泡泡机。

最后的画面温馨极了：心心爸在空中划出一个个绚丽的泡泡，心心蹦着、跑着、追逐着，"小肉墩"似的她来来回回穿梭在广场上，脸上绽放出最无忧、最灿烂的笑容。

虽然这件事以美好的画面结尾，但在内心深处，我和心心爸并没有达成一致看法。我跟随直觉，认为满足孩子的做法没错；而心心爸认为在买东西这件事上，要从小对孩子严加控制，这样，长大后她才不会什么都要。这两种看法听起来都有各自的道理。

直到有一天，在李雪老师的《当我遇见一个人》^①一书中，我看到这么一段话：

> 很多父母不愿意痛痛快快地给孩子买东西，花钱的同时反复强调"金钱来之不易""要珍惜东西，不可以浪费"等，孩子由此得到的仍然是匮乏感，还有愧疚感，将来他跟金钱的关系也将沉重而艰难……带着匮乏感走入社会，被潜意识指挥着，他很容易处处体验到沉重，比如不相信自己配得上好工作，总是找吃力不赚钱的活儿干，即使赚到钱也无法轻松享受，一给自己花钱就觉得愧疚，同时喜欢过度囤积东西，造成更大的浪费。

> 富养、穷养取决于父母的心态，跟经济能力关系不大。一些身家千万的父母会给孩子买上千元的童装，因为那是父母想要的。而孩子想要的只是几元钱的贴纸或摇摇车，父母却不愿意买，跟孩子较劲，给孩子制造匮乏感。长期的匮乏感会逐渐凝固成内心黑洞，这样的孩子长大之后容易变得欲壑难填，买再多的名表、跑车也弥补不了。

这一席话说到了我的心里。

反观我身边的朋友，错误追求物质的就不少：朋友娟子从来听不得"打折"二字，一有打折，她就拼命买买买，生怕错过实惠，可她总是花了比我们更多的钱，买了一些退而求其次的东西；静静是普通白领，工资并不算高，却愿意省吃俭用攒几个月的工资去买一个名牌包包；小罗是个守财奴，她最热衷于盘算如何"节流"，尽量吃得少、用得不讲究，一看

---

① 李雪.当我遇见一个人［M］.北京：北京联合出版公司，2016.

到账户上的数字上涨，就乐不可支。

在他们的眼里，追求实惠、奢侈与金钱的积攒都比善待自己更重要。

想到这儿，我迫不及待地把这段话分享给心心爸，他若有所思，有些认同，但又追问："心理学家都说延迟满足能力很重要。如果我们都痛痛快快地满足孩子的各种需求，那么应该怎样训练她的这项能力？"

这些年，人们之所以看重延迟满足能力，大多是因为听闻了那个著名的"棉花糖实验"。

这是由斯坦福大学心理学家沃尔特·米歇尔博士在幼儿园发起的有关自制力的系列心理实验。在实验中，小孩子可以选择一个奖励（有时是棉花糖，有时是曲奇饼、巧克力等），也可以选择等待一段时间。当实验者再次返回房间时（通常为 15 分钟之后），那些选择等待一段时间的孩子就能得到双倍奖励。

在后来的研究中，研究者发现那些能等待更久的孩子通常具有更好的人生表现，如更好的 SAT 成绩、教育成就等。孩子延迟满足能力的强弱也因此成了他将来能否更成功的指标之一。

但就在 2018 年 5 月 25 日，纽约大学的泰勒·瓦特、加州大学的葛瑞格·邓肯和权浩南在美国心理学权威期刊《心理科学》上发表了一篇论文[1]，推翻了著名的"棉花糖实验"的结论。新的研究表明：孩子能否取得成功，并不取决于延迟满足能力，而取决于孩子背后的家庭。

---

[1] 可参见论文《再论棉花糖实验：对早期的延迟满足和后期成就的联系的概念性复制调查》（Revisiting the Marshmallow Test: A Conceptual Replication Investigating Links Between Early Delay of Gratification and Later Outcomes）。

这项研究在 2002 年由美国国家儿童健康与人类发展研究所发起，研究对象由当年不到 90 个孩子扩展到超过 900 个孩子；孩子父母的背景也相比之前多样化很多。

在研究中，他们发现，孩子有没有耐心多等一会儿，更多取决于父母有没有为孩子提供物质与精神层面的稳定感——对一些孩子来说，如果棉花糖并不是每天都有的，而且父母的承诺并不总是可靠的，他们就会选择规避"风险"，宁愿吃掉眼前的棉花糖，也不会等待在未来获得更多的棉花糖。

换句话说，没有体会过匮乏感、内心更有安全感的孩子往往有更好的人生。那么，家长在生活中刻意训练孩子的延迟满足能力，从某种角度来说，其实正是在刻意制造孩子的"匮乏感"。

这让我想起关于朋友的一个小故事。

在一次正念工作坊活动中，老师带着我们一起正念进餐。开始前，老师告诉我们，要将自己所有的注意力、全部身心都投入到吃饭这件事，好好感受每一口食物的滋味，细心体会咀嚼食物的感觉。老师还建议我们养成一个习惯：吃一口就放下筷子，直到把口中的食物完全咀嚼完再拿起筷子夹菜。

我们按照老师的要求开始练习，因为有这样的要求和步骤，我们都吃得很慢。坐在我旁边的朋友吃着吃着就哭了出来。用餐完毕后，她告诉我们，像这样慢下来好好感受食物的体验，她从来没有拥有过。以往吃饭时，她经常因为太心急而被噎到。

为什么会这样呢？她想起小时候，她的家境其实非常好。可他们家有个规矩，就是必须把好吃的让给长辈们吃，孩子最后才能吃。当然，孩子的那一份肯定会有。只是父母们希望通过这样的方式教会孩子尊敬长辈，同时也培养他们的延迟满足能力。

她说，有好菜时，妈妈都会让她端上桌。妈妈会暗中盯着她，想看看她会不会偷吃，有没有足够的定力。令她印象最深的是妈妈一直津津乐道的一个"笑话"。

有一次，家里买了大闸蟹。想想就知道，那个时候，吃大闸蟹真是一件非常奢侈的事。她太想吃了，但是觉得不能马上吃。最后，她站在厨房门口馋哭了。

妈妈当时就好好地表扬了她。之后，妈妈还逢人就说，女儿很有自制力。但她回想起这件事时，却只有满满的心酸。

她现在才明白，她之所以总等不及、总被噎到，就是因为曾经的"匮乏感"。

朋友的故事让我想起脑科学专家洪兰教授的一席话，她的话大致如下。

在动物实验中，我们把猴子放进堆满橘子的房间。它会两手各拿两个橘子，嘴里再含一个，然后找个隐秘的地方坐下来吃。在没有吃完之前，它不会一直去拿。吃饱了，它也不会再去拿。刚生下来的孩子也是，吸足了奶就不会再吃。但如果它之前匮乏过，他就会很贪心，一直拿不够。

由此，洪兰教授提出如下建议。

父母教孩子时，不要一次只给一点，让他觉得一直不够，把"贪的心"生出来。父母不妨多给一点，告诉他："不要贪，东西是足够的"，然后教他什么是"适可而止"：天下的糖很多，不需要一次吃完，可以慢慢吃；天下的钱也很多，不要一次赚完，可以慢慢赚。

的确，只有欲求不满的人才会贪心。

富养虽离不开物质，但最重要的却不是物质，而在于父母是否能接纳孩子的欲求，并愿意痛快地满足。也许你要说，那也不能孩子要什么我们就给什么啊，这岂不是另一种溺爱？

我赞同，可是教育的方式有很多种，而且孩子在成长中会遵循循序渐进的发展规律。就如马斯洛需求理论所说，我们每个人只有在最基本的生理需要、安全需要、社交需要得到满足后，才会进一步产生尊重需要、自我实现需要等。

孩子也一样。当他们吃饱了、穿暖了，感受到父母无条件的爱之后，他们便无须依赖物质满足带来的安全感，可以发展到一个更高的阶段，开始学习如何克己。

现在的心心已经五岁了，在经历了一段时间放学后总想买这买那的阶段后，我开始给她固定的零花钱。知道每周只有一定金额的零花钱后，她开始学会不乱买零食，而是把钱花到她最想花的地方。这种方式不仅教会了她如何对自己的选择负责，还锻炼了她的自制力。

作为父母，我们要学会根据孩子的心理发展阶段提供适合的教育方式。我们不要在孩子需要安全感时让其感受到不安；更不要在他即将进入下一发展阶段时还以之前的阶段的教育方式教育孩子。

第五节

孩子们需要的，只是真实、简单的生活

在心心小的时候，我曾带她参加早教机构的艺术节活动。那场活动宣扬要给孩子制造一次特别的童年回忆。

活动安排很紧凑，分成几大环节：有在一个用白纸包住全部墙壁的教室肆意泼洒颜料的环节；有创意扎染环节；有让孩子手脚都沾上颜料，再在用白纸铺成的跑道上随意奔跑，留下"成长脚印"的环节。

老师们用跳舞、歌唱的方式调动气氛，家长们全力配合，都想让孩子开心起来。

可在泼洒颜料的环节，我听见有孩子发出了担心的声音："妈妈，颜料弄到衣服上了！弄脏了！"我看见有家长指导孩子如何像艺术家一样更加奔放地泼洒颜料，孩子却犹犹豫豫，似乎总过不了自己这一关。

最后，活动场面变成了老师和家长之间的狂欢，而大多数孩子站在角落，慢慢地把颜料甩在白纸上。

接着，到了第二个环节——创意扎染。老师分给每个家庭一件白T恤，让我们自由发挥。这次用的颜料是洗不掉的。

与心心同桌的一个小男孩似乎还沉浸在上一个环节的游戏里。他

试图把颜料往爸爸身上泼，却被严厉呵斥住："不可以！你再这样，爸爸就要生气了！"

在第一个环节，孩子们不敢大胆泼洒颜料，是因为平日在家里，这种行为是被我们禁止的；而在第二个环节，孩子们慢慢地进入状态，却发现规则再次改变，他们真的有些无所适从。

看着平时只要奔跑就能开心大笑的心心在整场活动中却没有露出一丝笑容，我陷入思考：孩子真的需要这些所谓的精彩和狂欢吗？他们最需要的，只是真实且简单的生活吧！

而我们总想给孩子很多，曾经的我就是一个典型。

心心上幼儿园后，每个周末，我都会给她安排丰富的活动：去海洋馆、天文馆、游乐园、做手工……我想让她每一个周末都过得精彩纷呈。

但渐渐地，过多的活动让我疲惫不堪，而心心也因为这些超越感官承受范围的安排而变得兴味索然。

我喜欢为孩子购买各种东西，把孩子的玩具置办得十分齐全：磁力片、拼图、黏土、钓鱼玩具、滚珠玩具、桌游……结果却发现，心心玩玩具总是浅尝辄止，很多玩具没玩几次便被打入了"冷宫"。

我还热衷于实践各种教育理念。有段时间，为了让心心能更好地进行"心灵构建"，我打算买一整套蒙氏教具，让她在家探索，却被将国际蒙台梭利协会的事业引进中国的郭景皓老师指出："你这样太刻意了，这些都是外在的东西。"

"外在的东西？利用蒙氏教具教育孩子不是蒙台梭利教育观的核心吗？"我疑惑地问道。

他解释："能够和孩子一起过真实的生活，这才是最贴近蒙台梭利教育观本源的状态。"

我思考着，他又接着说："对孩子发展最有帮助的，恰恰是生活中那一花一木、一桌一凳。但凡信手拈来的，往往是最恰当的。"

这句话点醒了我，当我再回过头观察孩子的状态、审视我们的生活时，我才明白，父母们真的无须刻意安排，我们能为孩子做的最好的事，就是带孩子过真实的生活。

减少精彩的活动
放空自己，体验生活本身

明白了这一点，我开始有意减少周末的安排。所谓周末，就是给孩子们好好休息的日子。"田有休耕，方得丰登"，万物都需要有"作"有"息"，孩子也一样。

我开始专门空出一天的时间与心心在家休整，只安排一天外出活动。

我惊喜地发现，当我打算安住于生活之中时，我那颗浮躁的心也似乎安定下来。之前，我便是一个远离生活的人，总觉得做家务这些事毫无价值，能交给家政人员的，就最好自己不动手。

我猜，心心可能一直以为，睡一觉家里就会自动变整洁；把脏衣服脱下来，第二天污渍会全部不见；妈妈不需要会做饭，到了饭点，桌上自动就会变出可口的饭菜……

我的确没有让她看到生活的全部。

第一次下定决心做家务后，我大汗淋漓地干了一场。我拖地的时候，心心开始捣乱，她说："妈妈，我来拖，我来！"小小的她扶着大大的拖把，费力地拖来拖去，俨然已把拖把当成了一个新奇的玩具。收拾玩具的时候，我顺便教会了她如何进行玩具分类。洗衣服时，我也给她接上一盆水，交给她刷子和肥皂，她仿佛获得了"赏赐"，兴奋极了，搬来小板凳，认认真真地刷鞋子、洗袜子。

当我辛苦劳动一上午，看到阳光下的家焕然一新，看见孩子坐在板凳上辛勤、专注地洗洗刷刷时，那一刻，我忍不住感叹，原来生活本身就是这么美的呀！

这岁月静好的情景，让我想起心理学家曾奇峰的一句话，他说："一个好的画家，与其说是知道在一张纸的上面什么地方该画什么，倒不如说他知道在什么地方什么都不画，就是留白。"

这种留白的功力，何尝不也是教育的艺术？有意精简安排，放空身心，体验生活本身，反而能让孩子贴近真实，获得成长！

玩具少了
创造力却生长了起来

有一次，心心爷爷从老家回来，给心心带回老奶奶亲手做的一串桃珠。我看着这一粒粒桃核上钻出的整齐划一的小孔，摸着凹凸不平的自然纹路，心里直感叹："这得费多大劲儿啊！"于是我忍不住问道："没事做这个干吗呀？"心心爷爷随口答道："玩呗！"

好玩吗？我一粒粒地拨着桃珠，觉得不能理解，又想起了我的小时候。

那个年代，时间似乎过得很慢，这样的节奏也切合童年的步伐。我还清楚地记得我小时候最爱的洋娃娃是什么样子，我抱着她睡觉，给她打针，喂她吃饭。我也记得自己有一套塑料积木，总是一遍遍地玩。除此之外，我似乎就没有什么玩具了，更多的是游戏：和小伙伴玩过家家，扮演《西游记》中的角色，盛夏在树下看一下午的蚂蚁搬家……童年的生活简单却很幸福。

相比之下，现在的心心似乎早已被过多的玩具扰乱了心性。于是，我开始收拾心心的玩具：把坏了的、质量不好的都扔掉；把现阶段玩不了的都收起来；对于同类型的玩具，留一两个即可。玩具很快就精简了很多，摆在外面的、她能拿到的玩具就只留了几个。

渐渐地，我发现了她的变化。当她目之所及只有 3~5 种玩具时，选择少了，她在每种玩具上花的时间便多了起来。一小块橡皮泥她能玩半小时，嘴里还念叨着："揉揉，拍扁！"她一会儿让我看她将橡皮泥揉成的蛋蛋，一会儿又告诉我她"拍出"了一只企鹅。

玩具少了，她反而能深度玩耍，兴趣也多了许多。

也许我们会担心孩子觉得无聊。但实际上，我们需要给孩子创造的空间。当他们没什么可玩时，他们通常会开始发现一些美妙的事物。

记得最初，心心眼前只有一套积木时，她很快就觉得没意思。我克制住了自己，不为她提供新玩法。只见她一会儿便有了奇思妙想，她把圆柱体一个个找出来，让它们"排队"！之后，她又把长条形积木摆成一排，做成了"火车"。

还有时，我们仅靠很少的材料就能玩出很丰富的内容。

比如，坐高铁、飞机时，我们会拿出一次性垃圾袋，将它抠出眼睛、鼻子和嘴巴，做成小男孩或大怪兽的样子，套在手上，自编自演一段故事。

在家中，我们拿出纸笔，由我先在纸上点上一个小红点，随手在一边画上一座山，说着："我叫小红，现在我要爬山了。"接着，我将纸笔交给心心，让她继续画画并补充故事情节。我们轮流着来，有时情节丰富到需要好几页纸来承载。最后我会将每一页的情节内容用文字在页面空白处记录下来，装订成我们一起创作的绘本。

就在这"没意思"的空隙中，她的创造力慢慢生长了起来。

生活即教育
不需要我们刻意安排就能显得真实、有趣

除了减少过多精彩的活动安排、精简玩具，我还尝试了不再刻意地进行教育。

生活即教育。与其利用家用教学卡片帮助孩子认动物，去儿童乐园走独木桥、玩海洋球，在早教班创作画作、锻炼体能，不如将远看的目光落回到眼下的生活中、近处的自然里。

我开始身体力行地体会什么才是"信手拈来的恰当教育"。

渐渐地，我找到了一丝感觉。

我会和心心去森林捡松果、石头，再回到家用颜料将它们涂成五颜六色的装饰品。秋天，我们会搜集树叶，将树叶做成好看的树叶标

本或树叶贴画。我们会一起想办法将快递的纸盒做成人能坐进去的小飞机……

在听了自然体验引导师徐佳老师的课程后，我又有了更多的新灵感。周末有空时，我会领着心心去观察大自然。

在公园里，我会和她玩"找一找"的小游戏。每次我们都会领到不同的任务。比如发现一个你觉得最不可思议的东西；找一件你觉得最美但很多人都没发现的东西；找一个最特别的"宝物"……

分配完任务，我们就分头行动去寻找。再集合时，我们会等不及与对方分享：我们捡到了一片有着美丽渐变颜色的花瓣；发现了一只小小"西瓜虫"；找到了一个空空的蜗牛壳；发现有一处土壤的颜色有点不一样；等等。

有了这些细致又新奇的发现，心心原本单调的画画素材丰富了不少。最重要的是，我们都开始意识到，看似单调的大自然，其实暗藏着不少惊喜；而"伪装成很好玩的样子"的游乐园，根本经不起多玩几次，因为你很快就会发现它的空洞。

在大自然中，我们还会玩"猜一猜"的游戏：一个人先找到一样东西，再向另一个蒙住眼睛的人描述这个东西有什么特点；猜的人可以闻一闻、摸一摸这个东西，还可以主动提问题，直到猜对为止。

除此之外，"角色扮演"游戏也不错。

我们会假装自己是大自然中的某一种物品。比如我扮演一块小石头，而她是鱼塘里的假山。

我们会首先设计一个"相识"的环节。比如，我对着空中大声喊："喂，好无聊呀！这里有没有谁能陪我说说话？"

这时，"假山"说话了："嗨！你怎么了？我可以陪你聊聊天呀！"

"咦，你竟然是活的？""石头"很惊讶。

"是啊，老弟！说一说你怎么了吧！"

"我……我就是觉得在这个花园里待着，每天都不能动，好没意思呀！你呢，你也不能动吧？你每天都在这儿干什么呢？"

"我？"心心模仿假山站得笔直笔直的，"我每天都在这儿站着'泡脚'啊！很舒服呢！你看我这'大脚盆'里还有小鱼呢！我觉得没意思了，就会捞小鱼玩！"

"呀，老哥，你的生活还真是挺惬意的。你每天只是泡脚吗？也不洗洗澡？"我想到哪儿就说到哪儿。

"也不是呀！我也会洗澡。有的时候，一些小孩子会过来，拿着水枪从我的'脚盆'里吸水，再喷到我身上，我可喜欢这样的'淋浴'了！"

……

我们俩就这样你一言我一语地聊着。在这个过程中，孩子的想象力与幽默感常常帮我打破我固化的思维模式，让对话变得更生动、更大胆。当我们用这样的方式感受自然中的一草一木时，一切都变得更加生趣盎然！

每每看着沉浸在故事情节中的心心、打扫完卫生心满意足的心心、在树影斑驳的土地上奔跑并且肆意欢笑的心心，我都会暗自感叹，也更加笃定：没错，这才是孩子们需要的、童年该有的生活！

它不需要我们刻意安排，而且真实无比；它不复杂，甚至还有些简单。它有着孩子成长与幸福必备的元素——规律、安定、与人联结的乐趣。当孩子在这样的生活中成长时，就会更有安全感。

山珍海味固然好，但顿顿如此，就会破坏一个人的味觉，让人在吃美味佳肴时也会觉得索然无味。作为父母，我们要有意识地保护孩子的"味觉"，让孩子多在"粗茶淡饭"的日常中找到生活的乐趣，感受质朴的美。

爱孩子不是要将最好的都给他，而是要留有余地——多给他一些空间去探索和期待！

第四章

有效沟通，饱含着爱
——这样沟通，孩子不会抵触

当我们用饱含爱的语言与孩子真诚地沟通时，孩子就能感受到安全、踏实，会更有合作的意愿。这样的沟通不仅有效，还会促成亲子间良性的互动循环。

学会用孩子的语言，再与孩子沟通。

第一节
有时，游戏是一种更有效的语言

孩子语言能力的发展速度之快常常超乎我们的想象。有研究表明，一般 3 岁左右的幼儿词汇量为 1 000 个左右，到五六岁时便能达到 3 000 个左右，而这仅仅是普通水平！

惊叹的同时，我们容易走入另一个误区，以为孩子能像我们一样用语言很好地表达自己的想法。实际上，词汇量并不等于表达能力，孩子掌握了词汇，并不代表他们可以熟练运用词汇来表达。整体而言，孩子的语言表达能力还是非常有限的。

芭比公司就曾对一群五六岁的孩子进行采访，让他们讲一个有关公主、小狗或外太空的故事。孩子们"嗯哼"了许久，想说却又不知从何说起。直到工作人员给了孩子们一些玩具，孩子们在用玩具将特定主题演示出来之后，很快就能顺畅地表达出整个故事了。

难怪儿童中心游戏治疗大师加利·兰德雷斯（Garry Landreth）说："玩具就好比是儿童的词汇，游戏就是他们的语言。"

很多育儿法经常谈到家长要怎样与孩子平等沟通，这些方法都非常好。可在实际应用时，我发现，这是要分年龄的。

例如，对于一个还不太会分享的 3 岁孩子，如果我们像对待 6 岁以上的孩子一样先共情，再表达我们的感受，再沟通并邀请孩子一起头脑风暴，想出双方都能接受的办法，往往只能白费一堆口水。

是的，等你走完流程，孩子早已迷失在巨大的信息流中。他们眼神涣散，脑中只剩下"嗡嗡嗡"的声音，什么都没听进去。

那么，有效的亲子沟通是什么样的呢？我认为应该由学习能力更强的我们主动走进孩子的世界，学会用孩子的语言，之后再与孩子沟通。

借游戏帮助孩子表达

孩子放学时，我们往往会好奇孩子的幼儿园生活，然而如果我们只是干巴巴地问，通常得不到想要的答案。更多的情况是，孩子回答我们"开心"，可第二天一早去上学时又"拼死抵抗"，不想去上学。这是因为孩子都是活在当下的，他说的开心多半是指：放学了，见到妈妈很开心。

既然这样，我们可以怎样做呢？我建议，我们不妨邀请孩子玩"上幼儿园"的小游戏！

我们当孩子，孩子当老师。我和心心这么玩过。通过游戏，我清楚地了解了在幼儿园她都做了什么、老师说了什么、他们是如何排队的、对"坐好"有哪些要求，等等。

有一次，心心总说害怕幼儿园的某个老师。可我一问她，她又说不出个所以然。直到进入游戏，她才有样学样地将老师怎样"凶"他们表演了出来。

当孩子参与到游戏中，将真实的场景戏剧化地表演出来时，我们往往就能借机看到事情的全貌，直观地了解孩子的处境与感受。同时，这样的"角色互换"可以让孩子扮演更有权力的一方，也能让孩子紧张、害怕的情绪得以缓解。

除此之外，还有一种情况——我们并不知道孩子为何被负面情绪影响，只是感觉他的状态不对，同时伴有一些不良行为。这时，我们也可以借助游戏的方式来助力。

记得心心三岁多时，有那么几天，我发现她情绪低落，做什么都兴趣平平，和平日的状态相距甚远。

于是一天晚上，我提议："心心，咱们玩个游戏吧！我们轮流说说自己不开心的事，从我开始！"

听到"玩游戏"，心心一下子就来劲儿了！

她先是听我说着今天我出门打车怎么不顺利、不开心。

轮到她时，她想了想，说："妈妈，昨天你出门了，外公陪我去公园玩，我不开心！"

她又说："昨天，我上幼儿园，中午睡觉没有你抱着我，我不开心！"

……

我发现，她是没有时间这个概念的。不管过去了多久的事，在她口中都是"昨天"发生的。

我们一直轮流着，她说出了很多日常中让她不开心的琐事。到最后，所有的不开心都定格在了一件事——"妈妈，那次你生病了，把我放在东北的奶奶家，很久很久我都没见到你，我很不开心！"

这件过去了大半年的事，她反反复复说了很多遍，一边说一边哭。我在一旁抱着她安慰她，直到她感觉好一些。

当她逐渐平静，我又建议："现在咱们换个游戏规则吧！我们轮流说说自己开心的事，还是从我开始咯！"

说着说着，我俩笑得好开心。她带着甜蜜又满足的心情，慢慢进入了梦乡……

这个游戏成功的关键在于，父母也要敞开心扉分享让自己不愉快的事件，我们的坦诚分享是在给孩子进行好的示范。当然，我们需要拿捏清楚哪些不开心的事情会给孩子带来负担、哪些是孩子可以接受的。此外，我们分享的不开心的事情最好不要与孩子有关。

说完"不开心的事"，我们最好再以分享一些"开心的事"作为结尾，这样会让孩子的心情更加放松愉快。

如果说这个方法太简单、太直接，还不足以让一些腼腆的孩子袒露心声，那么，我们还可以用一些更委婉的办法帮助孩子来表达，比如和孩子玩棋盘游戏！

我们可以找来一张大纸作为棋盘，与孩子一起画上棋盘格子、曲折的线路，以及起点、终点，然后随意在一些格子上设置"意外惊喜"，比如"后退5步""前进3步""说出一件你觉得害羞的事""讲一件你最自豪的事"，等等。

接着，我们可以将橡皮切成小正方体，做成色子，再找来两个玩具小人物开始闯关。如果谁不小心遇到"意外惊喜"，就要按格子中的要求前进、后退或者回答问题。

同样，我们在回答问题时也一定要认真对待，不要敷衍了事。这样孩子才会认真思考问题，并更好地表达自己。

说到这儿，你也许会觉得，父母们为了了解孩子，也太煞费苦心了吧！其实，采用这样的方式并不是为了窥探孩子的隐私或满足我们的好奇心。游戏就好比打开孩子情绪之门的钥匙，能帮助我们更好地看见孩子、理解孩子，也能帮助孩子释放、清空积攒已久的情绪，让他们轻松成长！

用游戏的方式与孩子沟通

很多时候，我们板起脸来与孩子讲道理并不管用，这时不如尝试用游戏的方式与孩子沟通吧。

一次，我带心心在小区院子里玩。那天，公共活动区域来了好多上小学的大孩子，他们在一起玩"老狼老狼几点钟"的游戏。心心想加入，却又不懂游戏规则。过了一会儿，她"瞄准"了一个小姐姐，上前邀请小姐姐和她一起玩。可小姐姐压根儿不想和她玩，她正在开心地和小伙伴们玩游戏呢。

于是，心心开始缠着小姐姐，一会儿抱抱她，一会儿拉拉她……直到小姐姐烦她了，我才不得不将心心拉走。

是的，孩子们有时就这么缺少社交技巧。

回到家，我没有跟她说大道理，也没有直接告诉她应该怎样做。看到此时的她很受挫、很沮丧，还有一些伤心，我先抱着她安慰了一会儿。

接着，我邀请她与我一起玩乐高积木。我拿来几个乐高小人，告诉她，这个是你，这个是刚刚那个小姐姐，剩下的小人是别的小朋友。

"刚刚发生了什么呢？"我一边说，一边将小人放到各自的位置上，一步步将之前楼下的情境还原，"你看，他们在玩游戏，而你想拉小姐姐跟你玩，可她不愿意。"

说着，我拿起"小姐姐"，问心心："你猜，小姐姐这时候心里在想什么呢？"

心心看着小人，想了想，怪腔怪调地给小姐姐配音："哎呀，这是哪里来的臭小孩？我不要跟她玩！我要玩游戏！"她还调皮地给"小姐姐"加上用力甩开"小孩"的动作，并配音："啊！快放开我呀，臭小孩！"

"嗯，也许小姐姐还真这么想呢！"我被她逗笑了，又问，"那你说，我们可以怎么办啊？"

"那我就自己玩吧！"心心说着撅起了小嘴。这角色切换得真够快的！

"自己玩当然是个好主意，你还想到了别的吗？"

"嗯，或者我也可以邀请小姐姐和我玩滑梯，或者爬秋千架子！"说着，她用乐高块拼起了一个小滑梯。

"没错！还有吗？"我又摆弄着手中的小人。

心心看着眼前的局势，想了又想说："妈妈，我还可以学一学怎样玩这个游戏，然后和小姐姐一起玩！"

"是的，我们还可以观察观察这个游戏是怎样玩的。"

"嗯！"心心似乎豁然开朗。过了一会儿，她又一本正经地跑来跟我说："如果你不会玩别人喜欢的游戏，还拉着别人跟你玩，可你又不知道玩什么，别人怎么会跟你玩呢？"

哈哈！看吧，就连小孩，说起道理来也是头头是道的。他们从不缺大道理，缺的只是自己悟出来的道理。如果我们用游戏还原当时的场景，他们就能从更高的视角看到事情的全貌，学会站在别人的角度看问题，从而反思自己之前的做法。

同样，对于一些需要孩子遵守的规矩，我们也可以通过好玩的游戏来加深他们的印象。

朋友跟我说，孩子刚上幼儿园时总不守规矩，她三天两头就会收到老师的反馈，很是头疼。她真的把那些道理、规矩对孩子说了无数遍了，可就是感觉孩子记不住。

于是我建议她用玩游戏的方式与孩子讲道理。我简单地提供了一个思路，朋友就回家尝试了。她和孩子爸爸扮演小朋友，孩子扮演老师，哪个"小朋友"表现好，"老师"就给他一张小贴纸。

上课了，"妈妈小朋友"总是讲话，还在座位上扭来扭去；"爸爸小朋友"则安安静静地听讲，坐姿端正。孩子给了爸爸一张贴纸。

到了户外玩耍环节，"爸爸小朋友"性子急，不知道要先排队后下滑梯，总是不停地催促前面的小朋友；"妈妈小朋友"虽然也着急，可还是乖乖站好，耐心等待。这次，孩子给了妈妈一张贴纸。

……

每一次，得到贴纸的"小朋友"都会喜出望外；而没得到贴纸的"小朋友"会特别伤心，悔不当初。拿着贴纸的"孩子老师"好像掌握了至高无上的权力，看着爸爸妈妈一会儿"笑"，一会儿"哭"，一会儿开心地蹦起来，一会儿又气得捶胸顿足，开心得大笑起来。

就这样，通过游戏，孩子在大笑中释放了自己紧张、伤心等情绪，也加深了对规矩的理解与认识。连续玩了一段时间的幼儿园情景剧后，孩子的表现越来越好了。

放学接孩子时，朋友有时还会问："今天你能给自己几张小贴纸呀？"这句话就好像他们之间的一个暗号。孩子会努力回想自己表现好的地方并与朋友分享，朋友则会顺势认真地鼓励孩子。

这些都是用孩子的语言——游戏与孩子沟通的典型例子。这样的沟通，无须我们一本正经地勒令孩子认真听、好好听。当我们走进孩子的世界，运用他的语言，我们就会发现孩子眼里有光，思维也变得活跃，他快乐地沉浸其中，更容易接收我们传达的信息！

游戏本身就是孩子的语言

有些时候，我们并不需要引导孩子玩什么，只要加入他的游戏，就能读懂他想向我们诉说的信息。拿心心的事例来说吧！在每晚的专门游戏时间，我会跟随她玩她想玩的任何游戏。我发现她最喜欢玩的游戏有以下几种。

大英雄打小怪兽

在这个游戏中，她常常扮演奥特曼、钢铁侠等超级英雄，而我则扮演大怪兽。"超级英雄"不仅武艺高强，还会各种各样的魔法。比如她能隐身，没人能看见她；她可以一挥手就在她的四周筑上坚不可摧的玻璃墙，任何人都打不到她；她还可以通过发出"嗖"的一声将对手冰冻住。

我原本是一个人见人怕的"大怪兽"，可自从遇到她，就屡战屡败。我想与她大战，却连她人在哪儿都不知道；我想动手，却一头撞到了玻璃墙上；我想使用兵器，可刚拔出来就被她冰冻住，怎么也动不了了。

最后，我只好求她饶命，成了她身边听话的"小弟"，她让我干什么我就干什么。

大巨人

要玩这个游戏，我们还需要妹妹媛媛的参与。我首先让身高不到80cm的媛媛站在地上，看着媛媛，大声说："这就是顶天立地的媛媛！"我的眼神里透着无限的崇拜。

这时，心心来了，我假装只能看到她的腿，她的双腿在我眼里就像两根通天柱一般高大，她的上身高耸入云。

我起初不相信这是一个人，以为是一座高大的建筑。慢慢地，我摸上去才发现，她竟然能动，她低头看我时，我依稀看到了她的面庞。这时，我才知道，她才是这个世界上最高大的"巨人"！

她一步步走过来，大地轰隆隆地震动，我吓得落荒而逃。

孩子玩的每一个游戏都是有意义的，那些能一直重复玩的游戏更是如此。

在这两个游戏中，我能看到，心心希望自己是一个非常厉害的、能掌控一切的人。这不仅反映了她的愿望，还反映了她的现状——在生活中，她是弱小的。

心心是 8 月出生的孩子。在班级里,她年龄最小,个子也最矮小,在认知与某些能力方面,她稍稍落后一些。同时,在生活中,她是被动的。大人似乎拥有很大的权力,能决定她上什么幼儿园、晚上吃什么、假期去哪里玩。而她很多时候只能服从安排。

她喜欢这样的游戏,这让她体会到在现实中不曾体会过的力量感与掌控感。

除了这两种游戏,心心还喜欢玩假装游戏。

> 有时候,她让我假装到处找她,催她去洗澡,可她却跑不见了。我找不到她,又急又气,正要发火,推开浴室门却发现,她已经自己脱好衣服在淋浴了。

这其实是心心在用游戏的方式向我表达:她想在"日常被催促"的生活中找到一点主动感。

当然,读懂孩子的"游戏语言"并不容易。只有多陪孩子玩,并认真体会孩子在自由游戏中想拥有的感受,我们才能渐渐理解他的语言,读懂他的心声,从而习得这种亲子间最高效的沟通方式。

第二节
做真实的父母，学会诚实地表达

在小区遛弯时，我遇到了叮当妈。一段时间没见，她憔悴了很多，脸上还冒出不少痘痘。我关切地问："你怎么了？看起来气色不太好。"

她好像被说中心事，瞄着叮当正在跟小朋友玩脚踏车，才放心地对我说出了实情。

原来叮当妈有位关系极好的闺蜜，上周单位体检时，她的闺蜜被查出癌症晚期，这突如其来的噩耗让叮当妈伤痛不已。

叮当妈有气无力地说："我好难过，但总不能当着叮当的面哭吧，我每天都让自己表现得尽可能地正常，不让叮当看出来。"

"为什么不能让叮当看见你哭？"我实在太惊讶了。

她一副"这你都不懂"的表情，用肯定的语气说："当然不行，他还小，会被吓到的。"

可我觉得，这也太委屈自己了吧？当妈的人难道不能自由地释放情绪吗？虽然我能理解叮当妈的顾虑：她担心父母的情绪崩溃会让孩子没有安全感。但其实就算我们忍着不哭，观察敏锐的孩子也会感受到我们的异常。我们心不在焉，打不起精神，却故作欢笑的矛盾状态，会让孩子更加困惑。

所以，与其隐瞒伤痛的感受，不如学会诚实地表达自己的感受，做真实的父母。

诚实地表达感受
教会孩子体谅他人

在生活中，我们常常会戴着面具假扮好父母。

我们被告知，要做个好妈妈，就要保持情绪平和，要耐心倾听孩子说话，要用心共情孩子，要充满热情地与孩子玩游戏，要尽力做到高质量陪伴……

但我们也只是吃着五谷杂粮长大的普通人。孩子磨蹭时，我们可能会想发脾气；孩子说话时，我们可能会觉得啰唆又无聊；孩子伤心大哭时，我们可能会无法理解，心里甚至还埋怨着："天哪，什么时候才能结束？"

我们可能会害怕表现真实的自己，因为"自己"不够好。于是我们戴上面具，继续假装我们尽职尽责、完美无缺。

可孩子需要的并不是一个完美的面具，他需要与真实的我们联结。当我们能用恰当的方式表达自己时，"真实的我们"就不会伤到孩子。

有一次，放学回到家的心心一进门就冲过来给我一个大大的拥抱。接着，她又自顾自地跑到客厅，热情地喊着："妈妈妈妈，快来玩啊！快点快点！"

由于我在白天有件事处理得不够顺利，在处理那件事的过程中又攒了一肚子怒气，在那个当下，我实在没心情陪她玩。听她催着，我更烦躁了，想发脾气，但话到嘴边还是忍住了。

我没有立刻回应她，而是先给了自己一段时间处理情绪问题。等她再来找我时，我平静多了，这才蹲下来跟她说："心心，妈妈现在很难过，因为我有件事没处理好，我想独自待会儿，你能先自己玩吗？等我 10 分钟，时间到了，我就去找你！"

听我这么说，心心皱了皱眉，心情随之低落起来。但让我感到惊讶的是，几秒钟后，一向非常黏我的她竟主动说道："好的，妈妈，你先伤心一会儿。我现在能不能拿几本书去客厅读？"

"当然可以！"我马上答应。

在这里，我用到的表达自己内心真实感受的句式叫作"我句式"。它以"我"字开头，具体形式是："我觉得_____（感觉词汇，比如：生气、伤心、难过、挫败等），是因为_____（原因）。我希望_____（体现相互尊重的解决办法）。"

当我们用这样的方式表达自己的感受时，孩子便能清晰地了解我们为什么会有那样的负面情绪。

当我们这么做时，我们就为孩子树立了一个榜样，让他明白"情绪低落""做得不够好"是可以被接受的；同时也向他示范了：当我们感觉不好时，可以对自己多一些慈悲与包容。

如果我们经常这样诚实地表达自己的感受，孩子就能逐渐学会体谅他人的情绪。

诚实地表达情绪
教会孩子尊重他人的底线

除此之外，当孩子的某些行为让我们感到不舒服时，我们也可以用这样的方式诚实地表达出来。

有时，我和心心在家会玩"女王与女仆"的游戏。周末早晨，她如果起得早，就会替我挤好牙膏，接好刷牙用的水。等我来到卫生间，她会毕恭毕敬地说："女王陛下，请刷牙。"偶尔，她会表现得非常夸张，什么都不让我动手，全程都要由她这个"女仆"为我服务。

当然，我们也会转换角色，我会时不时当当"女仆"，让她尽享做"女王"的美妙。

可在这个游戏中，玩着玩着，我就有点不舒服了。

有一天，她站在洗脸盆前大叫："女仆，我的仆人，快来为我服务！"

我知道她只是觉得好玩，可我实在不喜欢她这么叫我，于是不得不扫兴地告诉她："听你叫我'仆人'，妈妈有些不舒服，我不想再玩这个游戏了，你有没有别的好主意？"

心心听我这么说，感到有些意外，但很快就接受了，并兴奋地说："那我们还是玩'刷牙机器人'的游戏吧！"

每个人的底线都不一样，我们无须用太多的"应该"绑架自己，而忽略了自身的感受。当我们不带指责地将这些感受表达出来时，孩子也能从中学会尊重和体谅。

诚实地表达自己的想法
反而有助于解决问题

在另外一些生活情境中，诚实地表达自己的想法，反而能帮我们迅速解决问题。

一次，我带心心去商场吃饭，这是我们一周一次的"特殊时光"。经过一家冰激凌店时，她突然说想吃冰激凌。

吃冰激凌倒是没问题，可是我们正要去吃饭呢，万一心心吃了冰激凌等下不吃饭怎么办？想到这儿，我打算直接拒绝她。

可看着她渴望的小眼神，我又忍住了。她有段时间没吃冰激凌了，吃一个倒也不算过分。如果不答应她，那么她可能会一直缠着我、说服我。本来对这件事我就不够坚定，面对她的软磨硬泡，我确定能扛得住吗？

我正想着，心心又在一边乞求着："妈妈，你就给我买一个嘛！"

我想：何不把我的担心告诉心心，与她一起商量一下呢？于是，我对心心说："其实妈妈很想给你买，不过，我很担心吃了冰激凌，一会儿你就吃不下饭了，你觉得怎么办才好？"

心心想了想说："那这样吧！妈妈，我们现在去吃饭，吃完饭之后，我们再买冰激凌！"

"刚吃完饭，也不能立马吃冰激凌哦！这样会对身体不好。"

"没问题！妈妈，吃完饭，我们玩一会儿再吃！"知道自己的需求最终是能得到满足的，心心倒是很配合。

这个结果让我倍感轻松。看来，诚实地表达自己的想法，获得孩子的理解，他们也会更通情达理呢！

在我的育儿群中，常会有妈妈就自己的育儿困惑征求大家的建议。

有位妈妈说，孩子的奶奶特别唠叨，每天都会不厌其烦地提醒孩子做各种事情。孩子在受不了的时候，就会不客气地回奶奶几句。每当这个时候，妈妈就会很纠结：一方面，她想教育孩子不能这么没礼貌；另一方面，她也能理解孩子的心情，她担心总不让孩子表达，会让孩子就此习惯压抑自己的真实感受。

群友分为两派：有的觉得礼貌更重要，有的觉得真实地表达自己没错。我想了想，问她："为什么你不诚实地将内心的这些冲突说给孩子听呢？"

这位妈妈从来没想过竟然还可以这样做！当天晚上，她便找了个机会与孩子聊了聊。

了解妈妈的想法后，孩子竟然自己想出了好几个解决办法：一、在可以忍住不说的时候就不说；二、在忍不住的时候，可以先躲进房间；三、可以告诉奶奶，我已经长大了，不用总提醒了；等等。

看看，孩子解决问题的能力往往超乎我们的想象，只是我们常常忘记给他这样的机会。我们习惯将孩子放在我们的对立面，独自思考"搞定"他的办法，却不知道，其实我们可以与孩子站在一起，诚实地向他们表达困惑。当我们这么做时，孩子往往能从我们做决定的顾虑中读到其中深藏的爱。因为爱，孩子合作解决问题的动力就会被激发出来。

当我们做真实的父母，学会诚实地表达时，孩子就会了解真正的人性。他会知道爸爸妈妈也是有弱点的，也会心情不好；他会知道每个人都有各自不同的底线，不容侵犯；他还会知道父母也有局限，父母会陷入几种不同的感受与想法中，不知道该如何做。

而真实的父母，往往才是最有力量的。我们的内外一致不仅能让孩子更有安全感，还能引领孩子学会与自己、与世界更好地相处。

当然，做真实的父母，并不代表我们要在孩子面前展露自己所有的想法与感受。分清什么是孩子可以承受的、什么是孩子无法处理的，不走入极端，拿捏好分寸，也是我们的责任。

第三节
好父母都懂得做孩子与世界之间的"转换器"

2018 年 10 月，一张小学生家长群的聊天截图被炒上了微博热搜，事情的经过是这样的。

有家长每天开着跑车接送孩子。老师和同班其他的家长认为，这样会引起学生的攀比心理，不利于孩子的教育。还有家长直接建议开跑车的家长换一辆普通车来接送。开跑车的家长回复辩解了几句，竟被老师移出了群聊。

开跑车的家长回复得理直气壮：

"首先，钱是自己辛辛苦苦赚来的，爱怎么花纯属个人自由。其次，质问别的家长：如果开跑车就是攀比，你们的孩子是否太脆弱了？最后，我凭什么要买辆普通车来为你们服务？"

网友纷纷表示这次支持开跑车的家长，更有人开玩笑似地评论：

按这个逻辑，开价值十几万元的普通车的家长，有没有考虑过骑电瓶车的？要不都移出去吧；班里成绩好的同学在考试的时候也要将分数考低点儿，不然会伤害到成绩不好的同学的自尊心；长得高的麻烦也控制一下，考虑一下长得矮的同学的心理……

网友说的虽都是些玩笑话，但言语中传达着一个朴素的道理：与其改变别人，不如管好自己。

作为父母，面对外界的不稳定因素，我们无法做一个"隔音罩"，将孩子与外界隔绝开来，但我们完全可以成为真实世界的"转换器"，教会孩子怎样看待这个世界。

如果孩子在路边看见冲他汪汪直叫的小狗，害怕地躲进我们的怀里，那么这时候，我们可以弯下身，让孩子看见我们镇静的眼神，告诉他不必怕，这就是"转换"。

可当孩子再大些，周围的环境越来越复杂时，我们似乎忘了这一点。

与家人教育观念不一致时，我们怪家人理念老旧；老师对孩子态度不够温和时，我们怪老师太凶；孩子不好学上进时，我们怪他的朋友影响了他……总之，千错万错都是环境的错。

可所谓的教育，不就是在孩子面对世间百态时，教会孩子如何看待与分辨，怎样摆正心态做好自己，最终成为一个幸福的人吗？

放弃做"转换器"的父母，也很难教会孩子"行有不得，反求诸己"的道理。因为他的一言一行都在告诉孩子：你做不好，都是因为别人的错。

我有个朋友就是这样。她上高中时成绩不够好，她的妈妈就常在她的朋友身上找原因。她的成绩排名下滑了，她的妈妈首先要找成绩不如她的闺蜜谈一谈，要求她闺蜜不要再跟她一起玩，以免影响她。

朋友虽然对她妈妈这点恨得牙痒痒，但潜移默化中，却习得了与妈妈一样的处事风格。

后来的她工作总不得志，于是抱怨领导，埋怨公司体制不合理，却从不想想与她干同样工作的同事，甚至更晚入职的新人为什么能干得风生水起。

父母的人格缺失与认知偏差会影响孩子的一言一行。

我最爱和女儿一起共读的一本绘本，叫作《市场街最后一站》[1]，书中的奶奶就是孩子小杰智慧的"转换器"。

> 这个故事描述的是奶奶和小杰一起去市场街最后一站的"爱心厨房"做义工的途中，他们之间温暖又可爱的对话。
>
> 小杰看见他的朋友科尔钻进爸爸的小车，而自己却要和奶奶在雨中等巴士，就问奶奶："为什么我们家没有车？"
>
> 奶奶回答："宝贝，我们为什么需要车呢？我们已经有一辆会喷火的巴士了，还有丹尼斯老先生（司机），他总是为你表演好玩的魔术。"
>
> 小杰看见巴士上两个大男孩有随身听，也想拥有。
>
> 奶奶问道："为什么呢？你对面就坐着一位演奏家，为什么不问问他是否能为我们演奏一曲呢？"
>
> 小杰还没开口，吉他手已经拨弄琴弦唱起了歌。小杰与奶奶闭上了眼，沉浸在美妙的乐声中。
>
> 下车后，小杰抱怨街道脏乱差。
>
> 奶奶笑了笑，指着湛蓝的天空说道："小杰，有时候，当你身处尘土之中，反而更能体会什么是美好。"

---

[1] ［美］马特·德拉培尼亚.市场街最后一站［M］.方素珍，译.北京：中信出版集团，2016.

个体心理学创始人阿尔弗雷德·阿德勒说过："对于每个人而言，世界从来不是客观的。我们感知到的事物，从来不是事物原本的样子，而是经过我们的思维处理后的事物。"

而孩子最初看待事物的思维方式，正是父母给的。孩子是于平淡中看到美好，还是于足够好的生活中只盯着瑕疵，在很大程度上取决于父母的教育方式。

一个懂得做好"转换器"的妈妈，不仅能改变孩子看世界的心态与角度，还能定义孩子看自己的眼光。

资深游戏治疗专家吴丽云老师曾在课堂上与我们分享一个关于自己的故事。

她的儿子刚上小学一年级，还没上一个月，她就被老师约谈了。

老师向她反映，孩子上课时总是坐不住，还与小朋友交头接耳，严重影响课堂秩序。

她听到这个反馈后感到非常挫败，但一想，儿子天性就好动，这么表现也不奇怪。

回到家后，她并没有把老师的原话讲给孩子听，而是很开心地告诉他："今天老师在妈妈面前重点表扬了你呢，说你以前上课只能安静地坐住 1 分钟，现在都提高到 3 分钟啦！老师还说，他相信你一定会表现得越来越好。妈妈觉得也是！你想想接下来你还可以怎么做呢？"

儿子当时并没有说话，只是略带羞涩地藏起了自己的兴奋心情。

几天之后，他很有成就感地回来告诉妈妈："妈妈，我今天在座位上坐了很久很久都没有动哦！"

"是吗？你是怎么做到的？"妈妈抱过他，很好奇地问。

"我就告诉自己的屁股不准动呀！"孩子回答得很天真。

又过不久，孩子又回家反馈自己上课时越来越遵守纪律，因为他告诉了嘴巴，不许它张开；管住了脖子，不准它扭来扭去。

事实的确如此，孩子改变了很多，连老师也惊讶于他的进步神速。

你看，这就是父母将老师"消极的话语"转化成对孩子的"鼓励与信任"之后产生的强大力量。

精神分析学家比昂曾提到，好的父母需要具有"阿尔法功能"。

他的意思是，在与真实世界交手的过程中，孩子会遇到很多他承受不了的情况（比昂称之为"贝塔元素"），这时候，好父母能够进行"去毒化"处理（即阿尔法功能：将"贝塔元素"转换为孩子可以接受的"阿尔法元素"），将孩子不能承受的东西转化为滋养孩子成长的养料。

比昂所倡导的阿尔法功能，我想指的就是父母要做好孩子与真实世界之间的转换器。一个善于进行良性转化的父母，会时时分辨哪些信息可以传达给孩子，而哪些信息对孩子是有百害而无一利的。

采用这种做法，才是在真正地爱孩子。

而孩子也会从父母的反馈与言行之中汲取成长的养分，变得乐观、积极、充满安全感，并学会独立地面对世界、辩证地看待问题，从而形成自己健康的人生观与价值观。

第四节
用"游戏力"轻松应对育儿挑战，做孩子的"魔法妈妈"

与"游戏力"结缘

我第一次见识到"游戏力"的奇效，源于"喂心心喝药"这件事。

那时，心心才 2 岁多，咳嗽很严重。医生开了药，交代我让孩子一日喝三次。可回家后，心心只尝了一小口就不愿再喝了。我好劝歹劝，一会儿使用"激将法"，一会儿变出几粒糖哄她，都没用。外公外婆在一边看得着急，劝我放弃。他们说，没有小孩会主动喝药的，还是用老方法吧，一个人按住她，另一个人将她的鼻子捏住，几秒就灌下去了！

我虽已黔驴技穷，但还是清醒地知道，这种方法绝对不能用。这样强制地灌药会加剧孩子的恐惧，下一次喂药就更难了。想想医院里那些拼了命都不要打针的孩子，多半之前都有过类似的经历。

正在想办法时，我看到李岩老师的《天天游戏力》^①这套绘本。其中有一本《大战细菌王》画的就是一个"劝孩子吃药"的小游戏。

浏览完这个游戏，我觉得太妙了，立马行动！

我扮演细菌大王，嚣张地在心心面前活蹦乱跳，开心地说："哈哈！在心心肚子里可真舒服啊！我想怎样就怎样，谁也没法打败我！"说着，我还耀武扬威，伸伸拳头踢踢腿。

这时，我的余光瞄见心心的眼神已充满了"杀气"。外婆趁机在一边对心心小声耳语："心心，咱们快把这口药喝了，这可是细菌大王最害怕的东西！"

心心有点想喝，但嘴凑到杯子时，又犹豫地停下来。这时，我继续发挥："哎呀，刚刚心心闻了什么味道啊？好难闻啊！不会是我最害怕的药水吧？"说着，我又定了定神，安慰自己道："不会不会，绝对不会，没有小朋友会主动喝药的！放心玩吧！"

听我这么说，心心的"斗志"终于被激发了出来，夺过外婆手中的药就"咕咚"喝了一大口。

我大惊失色："天哪，我的腿怎么不能动弹了？这个小朋友难道真的喝药了？"

心心看着我，一脸得意。

我连连求饶："求你了，别再喝了别再喝了！放过我吧！"

看我这样，心心反而更来劲了，又"咕咚咕咚"几口，喝得干脆极了。

---

① 李岩.天天游戏力［M］.北京：中信出版社，2018.

　　我大叫："哎哟，我的手怎么断了，我的头好晕啊……"

　　心心看着我，得意地笑道："哼，细菌大王，你怕了吧！"

　　就这样，心心不仅主动喝了药，还特别开心。事后，她居然还期待着喝药的时间赶紧到，这样就能再玩一次这个游戏了。

从这之后，我就迷上了这种轻松有趣的育儿方式。

在研读完科恩博士的《游戏力》一书后，我又参加了科恩博士亲授的讲师培训，成了一名游戏力讲师。

用游戏应对育儿挑战

接下来，我就与大家简单分享一下这些年我用游戏应对过的一些育儿挑战。

（1）孩子走路慢，游戏来助力

　　有时，我带心心出去玩，我着急赶时间，她却边走边玩，我就会与她玩"汽车加油"的游戏。我会蹲下来，抚摸着扮演"汽车"的心心说："哎呀，我的小汽车怎么不动了？让我来检查检查。"一会儿，我就发现了问题所在，原来是"没油"了！于是我打开"汽车"背面的"油罐口"，假装手握"油枪"往里"加油"。"加油"后，心心就会配合着一路飞跑。

　　常常跑了一段路后，她又会"没油"了，我会接着再给她"加油"。也有时，明明刚"加过油"，她却没走几步就停了下来。这时，我就会给"小汽车"来个"大检修"，"修理"完毕，"小汽车"又能轻松上路了！

还有的时候，我会假装自己是一个特别自大的人，一边快步走，一边自信地说："哈哈！我是全世界走路走得最快的人！没有人能超过我！"

听我这么说，心心心领神会，马上小碎步跟上，没一会儿就走在了我前面，还偷偷发笑。我简直看呆了，一边拼命走，一边"惊慌失措"地大喊："喂喂喂！前面那个小朋友！你到底是谁？你叫什么名字？你怎么能走得比我还快！"

心心笑得厉害，但还是不理我，继续快步走。我跟在其后，一边喊，一边追，却怎么也追不上，累得气喘吁吁。

就这么玩着闹着，在心心还意犹未尽时，我们就到达了目的地。

（2）孩子做事磨蹭，游戏来帮忙

我相信每一位当妈的都"领教"过孩子的磨蹭。对此，我经常感到无可奈何。我觉得催吧，永远只能用干巴巴的"快点快点"，说多了也不奏效。

其实，对于孩子做事磨蹭这一问题，我们可以用游戏来帮忙。

早晨心心磨蹭时，我会让她和外公来个好玩的角色互换游戏。她马上起劲儿了，一边加速吃饭，一边大声催外公："外公，你快点！你再这么慢地洗脸刷牙，我出门可就不等你了哦！"

外公听心心这么说，马上就懂了，配合着："那不行，你慢点，等等我啊！"

心心有些兴奋，很快吃完饭后，又很着急地催我赶紧给她扎头发。一切弄好时，外公饭还没吃完呢。心心拿着电动车钥匙，一本正经地告诉外公："你速度太慢了，我自己骑车去上学啦！一会儿要是有人问我怎么自己骑车，我就说，我外公太磨蹭了，我不想等他啦！"

说着，她就背上书包，开门向电动车走去。见心心走了，外公假装更着急了，在后面喊着："心心，等等我！我来送你啊！"

心心笑着乐着，最后俩人一起嘻嘻哈哈出门了。

有时，我会上演"夺命大催促"，也就是频繁、快速地催促心心，同时我自己的动作也会变得超级快。

我一边快速地挤牙膏、刷牙，一边着急地催："心心快点！快点挤牙膏，快点刷牙，快快快！刷上面，刷下面……来来来，吐掉水，赶紧拿毛巾！"

我慌里慌张，时不时就出个"小差错"，比如差点把牙膏挤到了牙刷手柄上，拿毛巾时，因为太着急，竟然拿出了洗脚毛巾准备洗脸……

心心一边看着"傻"妈妈，一边打起十二分精神跟随我的节奏，又不时被我逗得哈哈大笑。

吃饭时，我们有时会玩"煎饼对话"游戏。

我拿起我的"胖"鸡蛋卷煎饼，主动和心心的"瘦"鸡蛋卷煎饼打招呼："嘿，哥们儿，你好啊！我叫大胖！你叫什么名字？"

心心开心地回应："嘿，哥们，我叫小瘦子！"

我接着兴奋地说："你知道吗，小瘦子，我们马上就要进入人类的食道啦！哇！我好激动，听说那是一个超好玩的滑梯，特别长！不说了不说了，我要先进去了！"

说着，我大咬一口，吃了进去。

"是吗？这么好玩！我也要我也要！"心心说着，也吃了好大一口。

接着，我假装"大煎饼"听见了"滑梯"里传来的笑声，摇动着剩下的"大煎饼"，替它们说话："呀，好像真的很好玩，我们也要去！"

同时，我又回归到我自己的角色，转用另一种浑厚的声音维持着秩序："嗯，别急别急，等我一口一口来，你们放心，五分钟内，我就把你们全部输送下去！"

心心看着我的样子，觉得好玩极了。她也模仿我，一口接一口地吃煎饼，还自编自演着"煎饼对话"。

吃完煎饼，她看到碗里的粥还没吃，又主动说道："哎呀！粥也想玩滑滑梯呢！来来来，我送你们进去！"

于是，孩子就这样主动地吃起了饭……

（3）让"完成作业"更迅速

有时，心心晚上有兴趣班。下课后，她还要回家写作业，所以时间格外紧迫。这时候，我会用游戏来督促她赶快完成作业。

记得一次游泳课后，我骑车带着心心回家。我一边骑车，一边假装紧张地说："不好了，不好了，火山爆发了，我们得赶紧逃离这个地方！"

心心觉得好玩，便配合着进入角色，拍着我催促道："妈妈快点快点，岩浆都快要漫过来了！"她还故意咳嗽几声，说："太多黑烟了，我都快呼吸不过来了！"

我们一路飞快地逃到单元门口，还惊魂未定，我紧张地说："心心，虽然我们快到家了，但这是一种怪异的岩浆，它会坐电梯去咱们家的！只有一种办法可以破解！"

心心好奇地问道："什么办法？"

我小声说："那就是回家立马打开你的书包，完成老师给你布置的那些题目，这些答案就是击退岩浆的密码！"

心心好像丝毫没感觉自己"中了计"，只是咬着牙，坚定地说："好的，妈妈，快快快，开门，我要赶紧去写字台！"

这一次，心心完成作业出奇的快，每写完一道题都有胜利的快感。

我暗自窃喜，心想：难怪有人说，游戏力是育儿界最深的"套路"。不过，站在孩子的角度来看，能一直这样被"套路"，也是心之向往的吧！

（4）孩子不愿收拾玩具，游戏来解决

玩玩具的时候，心心总是"豪放"地把一盒一盒倒出来；收拾的时候可就不容易了。

于是我想到"实况播报"这个游戏。

在心心收玩具时，我就像体育赛事的讲解员一般，在一边激动地讲解："哇！心心小朋友动作非常快。现在，她已经将大块的乐高全部收进了玩具箱，按照这个速度，不出五分钟，所有的玩具就能完好归位了！看！现在她开始收小乐高块了，她还拿起了一块平板，打算先将所有的小块都放在板子上，再一起搬进玩具箱！这样，她的速度又能大大提升了！好了！乐高玩具全部收拾完毕！接下来，她打算收拾什么呢？她正在环顾四周。哇！她拿起了毛绒玩具，又拿起一个……"

我兴奋地快速讲解，显得特别夸张。心心一边收，一边大笑，好像很喜欢这种在"镁光灯"下干活的感觉。

当然，我也不是每一次都只动嘴不动手，偶尔也会和她一起收拾玩具。

我会假装自己是一只在找食物的小松鼠，把手当作小松鼠的嘴，把玩具当作食物。我会将找来的"食物"运送到"家"（玩具箱）里。心心见我这样，有时会扮演一只霸王龙，霸道地抢走更多的"食物"；有时会扮演另一只小松鼠，与我一起合作搬运"食物"，准备"过冬"。

因为游戏，连枯燥的收拾玩具过程都变得轻松有趣！

在我们家，游戏是我用得最多的化解育儿挑战的方式。每一次，游戏都能打破僵局，化紧张为轻松，变挑战为欢笑。

为什么要用游戏应对育儿挑战

也许你会质疑：难道什么事都要靠玩游戏来解决吗？只要孩子习惯了玩完玩具就要收拾干净，出门走路必须跟上妈妈的步伐，早上洗漱15分钟就得完成，不就行了吗？为什么还偏要用复杂的游戏作为教育方式？

诚然，将这些事情都变成一条条规则、习惯的确会更简单。但如果我们用前文提过的"双向视角"来审视一下这些期待，就会明白做这些事情对于孩子有多难。

让我们来想一想：

孩子刚出生时，对于眼前的世界完全处于未知的状态。在接下来的几年中，身边照料他的"巨人"开始不断教导他各种规则——不能碰危险的东西、吃饭时要用工具、回到家必须洗手、得在晚上9点准时上床、不管喜不喜欢都要上幼儿园、不可以挑食……

遵守这些在我们看来理所当然的规则，其实需要孩子付出不少的意志力。

更何况，有些时候，并不是孩子做得不对，只是他们的做事节奏或做事方式与我们不一致：孩子没法走得那么快，没法迅速进入写作业的状态……

如果我们只是生硬地提出各种要求，那么作为一个独立的、活生生的个体，孩子感受到的只会是深深的无力感、无意义感。试问，处在这种状态下的孩子，真的能够健康地成长吗？

游戏就好像润滑剂，能温和地推动孩子去完成事情、遵守规则，因为孩子喜欢游戏，所以他们会更有积极性、更有热情来配合。

同时，站在脑科学的角度来看，父母们多陪孩子玩游戏，还能促进孩子的大脑发育。一方面，玩游戏可以促进孩子脑源性神经营养因子 BDNF 的分泌，让孩子脑内的神经元生长得更迅速；另一方面，玩游戏还能促进大脑分泌"快乐果汁"，如多巴胺、血清素等激素，给孩子带来愉悦与安全感。

换句话说，每一次孩子在游戏中的大笑，都在为他的大脑提供营养，也在为孩子的情绪发展注入更多的积极因子。

陪孩子玩游戏的好处那么多，"效果"又如此明显，何乐而不为呢？

如何设计适合自家孩子的游戏

接下来，我们谈一谈当我们遇到育儿挑战时，如何设计游戏巧妙应对。我们可以从以下四点做起。

（1）保持心态轻松

当我们心态紧张时，大脑往往只专注于自己的目标，于是说出口的话语也多了"控制"的意味。而用轻松的心态面对"育儿挑战"时，我们更多的是这样的态度——"我懂你的想法，但我也有我的要求与需求，那么，我们一起来看看怎样能让这件事变得有趣。"

（2）用游戏化的语言，充分发挥想象力

在设计游戏时，我们要发挥想象力，尽可能用一些孩子感兴趣的素材：他关注的事物、喜欢的动画片人物、绘本情节，等等，比如上文提到

的小细菌、火山喷发等，都是心心喜欢的素材。

需要注意的是，我们并不需要想好完整的游戏，只要有个"好玩的开头"就可以了。别忘了，孩子可是天生的游戏专家，他们会带领我们把游戏设计得更有趣。

（3）夸张地表演，让孩子笑出声来

卖力地表演吧！动作再夸张一点，状态再激昂一点。一开始你也许会觉得很难，但很快你就会感到放松。只有这样"傻乎乎"的你，才能引得孩子哈哈大笑，从而让他进入游戏的世界。

（4）遵守孩子的规则

现实生活是我们的地盘，而游戏却是孩子的世界。进入他的世界，我们就要"好好听话"，跟随他的想象，听从他的安排。同时，在游戏中，我们要尽可能地让孩子赢，用这样的方式弥补他在现实生活中的无力感！

说一千，道一万，不如说做就做，好好陪孩子玩一场！对孩子来说，如果有父母陪伴玩游戏，那么童年的底色一定是暖色调的！

第五节

几个叫早小游戏，让孩子从此告别起床气

用游戏让孩子快乐地起床

很多父母都有这样的困扰——如何搞定一个手忙脚乱的清晨，按时按点地将"小祖宗"护送到学校？

有妈妈说，每天叫娃起床足足要花半小时！她热心地建议幼儿园老师制定奖惩制度，比如给按时到校的孩子发朵大红花。可孩子天生是活在当下的，在孩子困倦的时候、发呆神游的时候，我们就算诱惑孩子说早到幼儿园的孩子会被奖励大红花，也未必有效。

那什么才是有效的叫早办法呢？大家不妨试试有趣的叫早小游戏！有了它们，孩子不仅起得早、心情好，还能配合我们一早提出的要求。

下面是我和心心经常玩的小游戏。

开车遇险记

我会拿一辆小玩具车，到正在睡觉的心心面前兴奋地说："今天我要去旅游了！好开心呀！"

接着，我将车子"开"到心心的脚边，自言自语："咦？这里是一条笔直的高速公路呢！我要上去了！"

"车子"费了好大功率才开到脚上，这时，我会把脚当作收费站，说："上高速，先缴费，滴！放行咯！"

然后，我继续在"高速路"（腿）上开车，一边开，一边念叨："这条路可真平坦啊！我要加大功率！"

这时，被车子弄得痒痒的心心会忍不住笑起来。

当我说"路很平坦"时，心心就会调皮地拱起膝盖，我假装大吃一惊："不对呀！刚刚还是平坦的高速路，怎么突然就变成山路了？还这么陡峭！"

我费劲地朝"山顶"开去，到了"下坡"，我又紧张地闭上眼睛，假装要滚下来了。

到了"平地"（肚子）时，我深深地呼出一口气，说："刚刚到底发生了什么，还好现在到了一片大平原！"

我这么说时，心心已经抑制不住笑声了，她故意让上身起起伏伏，我大叫："不好啦！地震来了，赶紧逃跑！"

最后，我经过"隧道"（脖子），到达了心心的脸上，经过嘴巴时，差一点就掉进了"陷阱"，想再往前开，又遇到"巨石"（鼻子）挡路。

最终从"丛林"（头发）上开下去，我才结束了惊险的高速之旅！

最后，心心在嘻嘻哈哈的笑声中起床了！

叮人的笨蚊子

我会将两个手指捏在一起模仿"小蚊子"，一边飞一边嗡嗡地叫，嘴里说着："太好了！这个小朋友睡着了，我正好肚子饿了，我要吸她的血！"

"蚊子"落在心心的肚子上，吸一吸，又嗡嗡地飞起来……

"嗯，我还没吃好，趁她一动不动，哈哈！我要再来几口！"接着，"蚊子"又落到了心心的鼻子上。

这时，心心开始醒了，闭着眼睛，用手挥开"蚊子"。

"蚊子"马上紧张起来："哎呀！不好不好，小朋友要醒了！可我还没有吃饱。我得赶紧找个她注意不到的地方吃几口……"

"蚊子"偷偷地落到心心的背上、腿上……这时候心心开始哈哈大笑起来，坐起来奋力打"蚊子"。

"蚊子"吓得惊慌失措，四处乱窜，不是笨笨地撞到了墙上，就是傻傻地正好落在了心心的手上，又吓得赶紧逃跑。

最后"笨蚊子"还是被心心打死了。

心心开心地起床了！

做包子

我会走到还在睡觉的心心旁边，拍拍她说："哎哟！昨晚醒的面团好像软多了，我可以开始包包子咯！"

然后我再四处轻轻捏一捏心心的胳膊、肚子、腿，嘴里还嘟哝着："再揉一揉吧！多揉一会儿更好吃！"

接着，我开始从头到脚抚摸着心心，说："现在，我要把面团拉成长条状，再滚一滚，沾点面粉！"说着，我就开始将心心推过来、滚过去。

一般在这时候，心心就开始忍不住笑了。

我假装将"面团"揪成一小团一小团的，然后擀平、包馅。

不过，我可是有些重口味的。我捏一捏心心的鼻子，假装取了鼻涕，包进"包子"里，兴奋地说："哎呀！美味的大鼻涕味包子，我的最爱！"

心心这时会"噗"一声笑出来！

我又捏捏她的脚，取了"一块面团"，开心地说着："对了，我还爱臭脚丫味包子！光想想这味道，口水都忍不住要流下来了！"

心心再也控制不住，于是大笑起来，彻底清醒了。

最后，"包子"包好了，要上"蒸锅"。正当我想把心心抱起来抬上"蒸锅"时，她撒腿就跑去了卫生间。

"我的天哪，我的包子！她怎么跑了？"我大惊失色，忙追过去。

心心一边笑，一边刷牙。我揉了揉眼，还是不敢相信："怎么包子还会刷牙？我没看错吧？"

心心更来劲了，接着向我展示"包子洗脸""包子吃饭"……

一早上，就在这嘻嘻哈哈间，心心穿好衣、吃好饭，乐呵呵地上学去了。

有了这些小游戏，自小就有起床气的心心反而对起床这件事有了期待。她不仅不会再赖床，还会带着快乐的心情穿衣、洗漱、吃早饭，而且速度快了很多。

设计适合自家娃的叫早游戏

当然，每个孩子性格不同，所处年龄阶段不一样，喜欢与适合的游戏也会不同。我介绍这些游戏仅仅是抛砖引玉。在设计专属于自家孩子的叫早游戏时，家长需要把握以下几个原则。

（1）多与孩子亲密接触

我们与孩子之间所有的游戏，出发点都是爱。

在叫早游戏中，我们要多创造与孩子亲密接触的机会。这不仅能表达我们对孩子的爱，还能促进孩子的苏醒。我们可以尽可能多地安排一些揉、捏、按摩、亲吻的动作，让孩子在温柔的"蹂躏"中开心地起床。

（2）让孩子发出笑声

判断游戏环节设计得好不好，唯一的指标就是孩子是否笑出了声。

孩子在某个点上笑得特别开心，眼里都闪着明亮的光彩，这就是给我们的一个信号：我们可以在这一点上继续研究、扩展、反复玩！

（3）勇于试错

陪孩子玩得多了，我们就会发现，成功的游戏很少，失败的游戏却很常见。

有的游戏玩着玩着就会让人觉得索然无味。不过我们不必沮丧，通常在这个时候，孩子就会来"拯救"我们，将游戏带到他们感兴趣的轨道上去，而我们只需跟随他们设计的游戏规则玩就好。

而有的游戏孩子会玩得特别开心，但我们接受不了。

比如，心心好几年来每天都要与我玩"奥特曼打小怪兽"的游戏。一天早上，我突发奇想，打算投其所好，扮演一个要将睡着的奥特曼绑起来的大怪兽。心心一下子就来精神了，对着我开始拳打脚踢。由于刚刚睡醒，她不如平时那样掌握得好力道，下手极重。我只能立马叫停。

总之，我们要找到自己和孩子都喜欢、能接受的游戏，真得靠一个一个地试。

游戏结束了，孩子还想玩怎么办

我们还可能会遇到一个问题：游戏结束了，孩子却玩嗨了，根本停不下来，怎么办？

最好的办法，就是我们提前与孩子约定好某一段时间的事项安排。

比如："妈妈早上会陪你玩 10 分钟的游戏，时间一到，我们就一起去刷牙，接着……"

不过，孩子可能头天答应好了，第二天就是不愿意遵守约定。这种情况的确让人恼火。这时候，我会时不时怀疑自己为什么要陪她玩游戏。不过转念一想，我也能理解，这证明我们的游戏好玩，让孩子欲罢不能呀！舍不得结束一项令人开心的活动是人之常情，不是吗？行吧，那就开心到底！

我发现，当我们遇到一些挑战时，如果我们能保持放松的心态，问题通常就能迎刃而解！就拿拒绝孩子的"无理"行为来说，我有过以下几次巧妙解决问题的经历。

我刚说"时间到"，心心就不开心了，一头倒在床上，噘着嘴不愿起床。

我装作好奇的样子说："咦？我说的是'时间到'，又不是'时间倒'，这个小朋友怎么就'倒'了呢？"

说着，我跳起来，说："太好玩了，那我来个'时间跳'！"

心心一看，惊喜极了，说："妈妈，我还会'时间趴'！"说着，她趴在了床上。

接着，我们又一一演示"时间跪""时间瑜伽""时间跳舞"……

最后我说："我来个'时间走'！"

于是，心心就跟着我一起开开心心走去卫生间刷牙了！

还有一次，得知游戏结束了，心心开始嘟嘟囔囔，身子扭来扭去。

我说："哎呀！这位小朋友是触电了吗？没事吧？"

说着，我就用手摸她，假装立马也"触电"了，我模仿她将身子扭来扭去，嘴里还嘟嘟囔囔。被"电"得晕头转向的我，断断续续地说："哎呀……这是……什么……怪电啊……让人……忍不住……嘟嘟……囔囔……"

心心见我这样不禁大笑，我俩又抖了抖，就一起去刷牙洗脸了。

还有的时候，我想不到什么好点子，只能哼起"不不不不不不……"（配上某首歌的旋律），自己去卫生间了。心心只能哭笑不得地跟上。

如果这样做，孩子还是不配合呢？

说真的，这样的情况真不多见。其实，孩子们内心清楚规矩呢，他们并不想做得过分，只是想让快乐多延续一会儿……

你也许会好奇：干吗费这劲儿啊？我们又得设计游戏，又得想着怎样开心地结束，让孩子一早就正儿八经起床不就好了嘛！我也想过这问题——为什么要不嫌麻烦地设置这么多游戏呢？也许有以下几个原因。

首先，我相信，孩子感觉好，才会做得好。只有开开心心地起了床，她才有充足的能量与积极的心态应对我们接下来的各种催促，甚至能主动地完成很多事。

其次，几分钟的叫早游戏为清晨设置了加油时刻，能让孩子感受到我们的爱。带着这份爱与联结感，他会更有勇气，也会更乐观地面对一整天的独立生活。

最后，也是最重要的，我并不觉得陪孩子玩游戏于我是一种负担。我喜欢陪她玩游戏，喜欢看到她朝阳般的明媚笑容。我也希望，十几年后，她长大了，回忆起自己的童年时，还记得小时候的她每天一睁眼都能看到一个想方设法逗她笑的妈妈。

第六节
如何有效地处理二孩冲突

前文谈到，在二胎家庭中，父母重视老大的心理健康，会让手足之情更加亲密。然而，孩子终归还小，二胎家庭总会面临两道"世纪难题"——俩娃因为分东西不均而吵架；一言不合就打架。我们如何有效地处理二孩冲突呢？

应对孩子因为分东西不均而吵架

一位朋友曾对我说，她和妹妹小时候经常为分东西公不公平而吵架，弄得妈妈心力交瘁。直到现在，妈妈有时还跟她们打趣称，当时就差买个量杯或买台秤来分东西了。

孩子抱怨分东西不均、不公平，是二胎家庭常上演的戏码。此时，我们可以试试这样处理。

（1）观念树立：不给孩子灌输狭隘的公平概念

前段时间，我遇到了这么一件事。

我给媛媛买了双新拖鞋。心心见了，总觉得妹妹的那双好看，缠着我让我给她买一双。

可她的拖鞋还完全不需要换呢。

于是，我对她说："心心你知道吗，咱们'想要'的东西很多，但这些东西并不都是我们'需要'的。就像你的拖鞋，现在还足够新，你还可以穿，所以不需要再买。"

"如果什么都买，妈妈就要破产了！"心心顺着我的话开玩笑地说道。

"是呀！而且，你想一想，前段时间，妈妈发现你去年的衣服都不适合你穿了，于是给你买了好几件新衣服。但是妹妹冬天很少出门，妈妈就给她买得少一点，对不对？"

"嗯，是的，妈妈。"

"所以呀，咱们只买需要的东西，不能浪费！"我总结道。

孩子小，看见别人有了新东西时自己也想要，这是一件很正常的事。但父母如果将这种"均分东西"的"公平"看作爱的体现，就相当于给自己挖了个大坑。

作家蔡颖卿在《教养在生活的细节里》[①]一书中写道：

童年的经验使我在养育两个女儿时，也从不以"宣示公平"作为对待她们的原则。我很清楚自己爱她们的心情是绝对公平的，但这种公平却无法以"你有什么，她就有什么"来表达。一个家庭的资源都是共有的，全家人都要学习为整个家庭着想，所以绝不可能让孩子以物质分配作为标准，来检查父母公不公平。

---

① 洪兰，蔡颖卿.教养在生活的细节里［M］.北京：北京时代华文书局，2017.

没错，作为父母，我们不应该向孩子传递"均分东西"这样狭隘的"公平"概念，而应该鼓励孩子站在实用主义的角度去思考，培养好的购物习惯。

同时，父母应该看到孩子物质需要背后的心理需要。比起计较东西分配不均，孩子更有可能计较的是"爱的分配不均"，而"爱的分配不均"会带来不满足感、委屈感与不平衡感。因此，在这时候，我们真正要给到孩子的是爱与安慰，而不是眼前的玩具等物质产品。

（2）用玩游戏的方法巧妙应对

并不是每一次我们与孩子讲道理、说观念，他都能欣然接受。看见别人有什么，自己就心痒痒，毕竟是孩子的本能。这时，我们可以用玩游戏的方法巧妙地应对"均分东西"的局面。

以下是一位游戏力讲师妈妈 Karen 的案例。

一次她买来一袋巧克力，但每一颗巧克力都不一样。她担心如果任由孩子选，俩孩子会看上同一颗；由她分呢，结果容易让俩娃都不满意。她灵机一动，告诉孩子："现在我手上有一袋魔法巧克力，里面每颗巧克力都有不一样的神奇魔法哦！现在你们每个人都可以选两颗，但前提是，你们要闭上眼睛，抓到哪个就是哪个！"

俩娃都觉得好玩极了，挨个闭着眼睛抓"宝物"。哥哥首先抓到两颗，握在手上，假装小心翼翼地打开，吃了一颗，"魔法"立刻生效——哥哥突然控制不住地飞跑。原来吃了这颗巧克力会让人有"加速跑"的魔法呀！弟弟也吃了一颗，巧克力刚下肚，他的嘴竟然就能"喷火"。哇，这个魔法太厉害了！哥弟俩一边吃，一边开心地玩起了

"炫技游戏"，谁也没空去看对方拿到的巧克力是否更好了！

看，一个简单的思维转化，就将分东西这样的难题变成了好玩的游戏。你不妨开开脑洞，试试这样有趣的办法吧！

应对孩子间的打架

两个孩子待在一起，免不了打架、起冲突。这时候，妈妈若是当起裁判，认认真真地分出个是非黑白，往往吃力不讨好，因为孩子竞相告状的本质，就是想争取妈妈对自己的爱与认可。

这时，以下两种办法效果要好得多。

（1）倾听孩子的"诉苦"，不表态

我的一名正面管教学员妈妈向我反馈，学完如何倾听孩子之后，她便回家练习，让她没想到的是，这个小方法居然对解决俩娃打架也有奇效。

一天晚上，弟弟一不小心踢坏了哥哥搭好的积木火车。哥哥生气极了，站起来一把就将弟弟推倒在地。弟弟不甘示弱，爬起来就开始抓哥哥的脸。哥哥被抓疼了，跑来向妈妈告状："妈妈！你快去管管弟弟，他踢坏了我的火车，还抓我的脸！"

这位妈妈正想出去责问弟弟，但一看哥哥正处于负面情绪中，心想，不妨先试试倾听吧！于是她蹲下来，用手摸摸哥哥那被抓红的脸，心疼地说道："好不容易搭好的火车被弟弟踢坏了，你好生气。之后，他又抓你，你都气得不知该怎么办才好了。"

"是的，妈妈！而且他抓得我好疼！"哥哥接着控诉。

"这里都红了，一定很疼。"妈妈继续说道。

这时，弟弟进来了，他委屈地大声为自己辩解："妈妈！我是不小心的，根本就没看见！我只是过去拿东西！"

"哦，原来你是没有看见啊！"妈妈重复着。

"可是哥哥一看积木倒了，就打我，还把我推倒在地上！"弟弟见妈妈理解了他，声音小了点儿。

"你觉得很委屈，哥哥冤枉了你，他把你推倒在地，你一定很疼。"妈妈猜测着说。

"没错！很疼！"弟弟应着。

"我才疼呢！你看你把我抓的！"哥哥抢着说道，但明显两个人的情绪都好了很多。

妈妈继续倾听着，过了一小会儿，弟弟主动转移了话题，说要出去玩乐高。哥哥忙不迭跟了出去，俩人又开心地玩到一起了。

向我说起这件事时，这位妈妈还是觉得好神奇，感叹这种化解冲突的方式真是简单又省力！的确，当孩子被倾听、被理解时，他们的负面情绪就能更快、更好地消散。相互"告状"被妈妈客观地"翻译"出来之后，往往能帮助孩子看清事情的原貌，增进彼此的理解。

（2）尝试用游戏的方式解决冲突

孩子打架多半是为了一些鸡毛蒜皮的小事。如果我们厌倦了"劝架""讲道理"，不如试试用游戏的方式解决冲突，让这件事变得好玩！

以下案例来自一位游戏力讲师妈妈李宣萌的分享。

一次在出租车上，她家的姐弟俩因为觉得自己的座位不如对方的宽敞而打起架来。

俩人打得互不相让，于是生气地向妈妈告状，懊恼的妈妈却在一边来了句："哎呀，怎么每次我都只看见你们打架的结果，没一次看见打架的开头啊！不行，你们得重新来一次，让我看看刚刚是怎么开始打架的。我要录下来，好好欣赏一下你们可爱的样子！"

听妈妈这么说，俩娃都不愿意再来一遍。可妈妈没放弃，继续夸张地求他们："求求你们了，我真的很想看！"结果，孩子才勉为其难地打了一场。可打着打着，俩人就忍不住笑场了，最后开心地和好了。

初看到这个游戏，我不禁赞叹"太妙了"。就因为妈妈要"录视频"，孩子原本的真打真干立马摇身一变，成了一个"假装游戏"。既然是游戏，就不再有针锋相对，而全是欢声笑语了。

除此之外，科恩博士在《游戏力》一书中也分享过几个能应对二孩冲突的游戏。比如，由我们扮演大怪兽，大声地冲孩子们喊："有本事你们俩来打我啊！"用这样的挑衅引得孩子"停止内战，一致对外"；或者，我们可以像体育赛事的解说员一般来个"打架的实况播报"（后文有具体介绍）。

不论是引诱孩子"攻打"自己，还是将打架变为游戏，这些方法在本质上都是用轻松的游戏引导孩子用合作（合作"对付敌人"或合作"演戏"）代替敌对，从而化解冲突。

二胎家庭的幸福会翻倍，同时烦恼也会递增。但只要我们用对方法，更智慧地处理问题，就能让生活充满更多的温暖与欢笑。

第七节

带着爱立规矩，孩子才不会抵触

前文一直在说，用游戏的方式、好玩的办法应对育儿挑战。可有时，我们会遇到该严肃地给孩子立规矩、划界限的情况。

人本主义精神分析学家弗洛姆认为，家庭环境对儿童人格的形成有着非常重要的影响。特别是在幼年时期，儿童完全依赖父母。在父母给儿童施加种种界限和禁忌的当下，儿童虽然没有自由，却有着非常稳定的归属感和安全感。

清晰的规则不仅能让孩子有安全感，还能让孩子的行为举止更得体、恰当。可对于立规矩这件事，不少父母都遇到过大大小小的困难：有的孩子对规矩置若罔闻，依旧我行我素；有的孩子一被"设限"，就大哭大闹，用倒地打滚的方式威胁大人。

可以说，有效地给孩子立规矩，是每位父母的必备技能。在这里，我给大家推荐一个好用的立规矩方法，在 CPRT 中，我们将之称为 "ACT 设限法"：ACT 中的 A（Acknowledge）代表"确认感受"；C（Communicate）代表"沟通限制"；T（Target）代表"提供替代方案"。

具体来说，我们如何应用 ACT 设限法呢？下面举个例子来说明。

我们与孩子说好了看完两集动画片就要关电视。时间到了，孩子却怎么也不愿意关电视。

这时候，我们可以用ACT设限法来立规矩，具体表达是这样的："宝宝，妈妈知道你很舍不得关电视。这部动画片实在太好看了（确认感受）。可是，咱们一晚上只能看两集哦（沟通限制/规矩）！现在咱们关了电视吧，你是想吃点水果，还是想和妈妈玩个"抢遥控器"的游戏（提供替代方案）？"

对于这三个步骤的立规矩法，大家也许觉得并不稀奇，甚至会觉得我们平时也是这么做的呀，方法都差不多，为什么到了我这儿就没用呢？

我想或许有以下4个原因。

（1）对孩子没有合理的预期

一次，我接心心放学回家。正当我们准备骑车离开时，从身后的酸奶店门口传来她好朋友欢快的叫声："吃冰激凌啦！吃冰激凌啦！"

心心的小眼立马亮起来，向我宣布："妈妈，我要去买冰激凌！"

"没问题，这周你有30块钱零花钱，还没花呢，你自己决定吧！"我同意，但又提醒她，"酸奶店的冰激凌可贵了，15块钱一个，你确定要花这份钱？"

"嗯！确定！"心心想都没想就回答了，于是我们锁好车，朝酸奶店走去。我们进了店才发现，同班的很多小朋友都在。过了一会儿，宁宁也来了。

除了宁宁，小朋友们人手一个冰激凌，一边吃，一边玩。宁宁看着大家的冰激凌，小声地自言自语道："我不能吃冰激凌，妈妈说我吃了会生病的。"

说着，她低头看书去了，有点"眼不见为净"的感觉。可过一会儿，她实在按捺不住了，跑到妈妈身边，说："妈妈，我也想吃冰激凌！"

妈妈拒绝："不行啊，咱们说好的，进来酸奶店就是和小朋友们玩玩而已，你答应好了的！"

"不行，我就要吃！"宁宁说着说着就要哭了。

"你和他们身体情况不一样，你一吃就生病，不可以吃。"妈妈很坚定地说，大概是宁宁之前有过不少"一吃凉的就生病"的经历吧！

但宁宁说什么也不干。她开始大哭大闹起来，还对着妈妈直跺脚。虽然妈妈威胁她说她再这样自己就走了，但无济于事。

我在一边看着没吱声。我理解宁宁妈妈的担心，但也懂宁宁的感受。我想，这规矩之所以让孩子抗拒，并不是因为宁宁不够懂事，而在于它本身的不合理性。换句话说，是因为我们对孩子的预期过高了。我想，没有孩子能抵御住"小朋友都在吃，而自己没有"的诱惑。

在这种情况下，或许我们一开始就应该拒绝让孩子进酸奶店，或者可以给孩子一个除了冰激凌外的替代选择。

当然，旁观者总是能说得轻巧，现实生活中，我们经常会对孩子给予过高的预期。因为预期高，所以我们难以真正以共情的方式理解孩子的感受。

在游戏力讲师年会上，科恩博士曾与我们分享一个关于他们家的小故事。

他说，他的小孙子很爱吃一种叫"能量棒"的零食，可妈妈规定孩子每天只能吃一根。于是孩子每天早上一睁开眼，就会说："妈妈，我要吃能量棒！"

妈妈答应了，又提醒他："每天只能吃一根，现在吃了，今天就不能再吃了哦！"

小孙子答应得爽快。大家应该都懂，小孩子在好吃的东西面前什么都愿意答应。

可是放学后，小孙子回到家，似乎忘了早上答应过什么了，又对妈妈说："妈妈，我要吃能量棒！"

这时，妈妈生气了，说道："你已经吃过了，而且你都答应好了的，不应该再要了！"

"不，我就要吃！"小孙子很执拗地说道。

故事说到这儿，科恩笑了。他说，在这里，我们有两个过高的预期：其一，我们以为，对于一个 2 岁孩子答应的事，他就一定能做到；其二，我们认为，对于立过一次的规矩，孩子次次都能自觉遵守。同时，我们还有一个对孩子不合理的要求——要求他"不想吃"。

看清我们的预期与要求，并不是说我们要退让或更改规矩，而是为了帮助我们更好地共情、理解孩子。这也是 ACT 中 A（确认感受）的部分。

我的很多经验告诉我，在立规矩时，准确、真诚地确认孩子的感受非常重要。当我们能理解孩子时，他们才会更愿意合作。

所以在上述例子中，我们可以去掉对于孩子"不守信"的质问，用理解的话语来取代："妈妈知道，看见小朋友们都在吃冰激凌，你也想要……""妈妈知道，你现在真的很想吃能量棒……"

也许有人会说，孩子当下想要的是冰激凌、能量棒，我们既然不能满足他，"假惺惺"地共情、理解又有什么意义呢？

是的，从表面上看，孩子的需求是冰激凌、能量棒，但实际上，他最基本的需求是被理解、被安慰——对于"别人能吃我不能""想吃却没有"的理解与安慰。

如果这个时候，我们还能向他解释，我们之所以要立规矩，是希望他有一个更健康的身体，孩子就能从中感受到我们的理解与爱。

孩子愿意遵守规矩，是出于对父母的爱，因为爱，所以希望被认同；而父母如果能带着爱给孩子立规矩，孩子自然就不会抵触。

（2）与孩子的沟通中充满太多的说教

当孩子与我们意见不合，或者想为自己争取什么时，他多半已经处在负面情绪中了。这时，我们需要更多的共情，沟通则越简明扼要越好。

但现实中，我们做的恰恰相反，我们容易陷入对孩子滔滔不绝的说教之中，而对孩子的情绪不予回应。我们以为，道理说得好，孩子就能理解。但其实，这就好比我们与别人沟通时，在联结不够的情况下，别人一心想将他的观点传递给我们。这时的我们也一定是抗拒的。

同时，在与孩子沟通时，我们还要考虑他们集中注意力的时间与理解能力都是有限的。太多的语言信息会让孩子感到不知所措。

所以，在上述例子中，我们只需简单清晰地说明："你吃冰激凌容易生病"或"今天不能再吃了"。

（3）给出的替代方案没有吸引力

当孩子想吃的东西被限制，想做的事情被勒令停止时，他们的心里是很不好受的。如果这时候，我们只是语气生硬地限制或禁止，那么孩子多半会不情愿地拒绝或反抗。

所以，在让孩子遵守他需要消耗不少自控力才能遵守的规矩时，我们不仅要给出清晰明确的替代方案，还要多在替代方案上下工夫，让其变得更有吸引力。

比如，在让孩子关电视时，我们不妨假装自己是个入室盗窃的小偷，见孩子一动不动地坐在沙发上，不由得吓了一大跳，后来才反应过来，原来"孩子"是座雕塑，于是我们嚣张地拿着麻袋，打算将家里的"金银财宝"全都装走……

随着"剧情"的发展，孩子很可能控制不住自己，想主动加入我们的游戏。

这样的替代方案给了孩子一个很好的缓冲空间，让他能更加配合地遵守规矩。

当然，如果完成了以上三步，孩子还是不愿意合作，那么，我们可以再次回到第一步，看一看是不是孩子的负面情绪仍然在困扰着他。如果是，那么我们就陪伴孩子，等待负面情绪自然驱散就好。

（4）规矩本身并不合理

我们有时给孩子立规矩并没有经过认真地思考，更多只是因为我们习惯立规矩。如果我们有对自己严加要求、管教的父母，我们就会倾向于对孩子说更多的"不"：不可以进厨房、不可以坐在地上玩、不可以玩水、不可以捡树枝、不可以自己剥皮……

如果我们总对孩子说"不"，我们就会抑制孩子的自主性，阻碍其生命自由地发展，孩子自然会以逆反行为来对抗。当我们发现孩子什么规矩都不愿遵守，处处与我们作对时，不妨扪心自问：有没有可能是我们管得太多？如果任由孩子继续这样做，会给我们带来什么不可接受的麻烦吗？孩子这样做，是出于何种心理需求呢？

如果此时孩子的行为并没有伤害自己、伤害他人，而是出于当前情境的需要，我们就可以放松一些。

如果我们在孩子大哭大闹、抵触规矩的时候看到了规矩本身的不合理性，我们往往会陷入两难境地——担心我们退让、反悔会让孩子认为哭闹是有用的，下次可以继续用哭闹的方式对付爸妈；担心我们不退让会委屈了孩子。这时候，我们不妨诚实地向孩子表达我们的想法，让他们知道，更改规矩本身是出于理解，而不是迫于他们的哭闹。

在育儿群里，我常常会遇到妈妈们的提问——孩子上幼儿园了，却一点儿也不守规矩，也不听老师的话，我能怎么办？其实，答案就在这日常生活的细节里。换而言之，在每一次立规矩时，我们要带着温柔和坚定，这样，孩子就能逐渐学会理解他人、约束自己。

第八节
用有趣的方法帮助孩子发展情绪自控力

情绪自控力有多重要

情绪失控到底有多可怕？让我们来看看以下新闻。

2014 年 5 月 22 日早晨，广东梅州男子廖某因离婚问题与妻子产生争吵，一怒之下，将妻子抱起扔下楼，妻子不治身亡。

2018 年 2 月，湖南一对夫妇闹离婚，儿子被判给丈夫。妻子因不愿交出儿子，盛怒中，将 4 岁儿子从宾馆六楼窗户直接扔下。所幸孩子命大，掉到一楼种菜的泡沫箱上，经过抢救活了下来。但这样被亲妈扔下楼的阴影估计他一辈子也很难摆脱吧。

2019 年 12 月 30 日，安徽肥东一对夫妻吵架，在拉扯过程中致 4 岁男童坠楼身亡。

每每看到这样的新闻，我们都震惊不已。究其根本原因，还是很多成人情绪自控力不强，一旦情绪失控，就酿成一辈子都后悔不已的大祸。

这样的案例是极端情况，但日常生活中，因为控制不好情绪而造成的遗憾与伤害的事件也不在少数。例如，在吵架时说出伤害对方的话语；在情绪控制不住时做出不理智决定；父母在生气时拿孩子出气。

很多事情一旦发生，便覆水难收。但好在我们可以有意识地学习并发展"情绪自控力"，以便更理智地对待出现负面情绪的情况。

作为情商的一部分，情绪自控力对于一个人的生活到底有多重要呢？

就如《情商》[①]的作者丹尼尔·戈尔曼所说：

> "如果你不能控制自己的情绪，如果你没有自我认识，如果你不能管理自己的负面情绪，如果你不能推己及人并拥有有效的人际关系，无论你多么聪明，都不可能走得很远。"

很多父母常常不由自主肩负起孩子老师的角色，忙着教孩子认字、学习英文和培养各类兴趣爱好，可我们常常忘了一个重要的教育主题，那就是教会孩子情绪管理，帮助孩子发展情绪自控力。

了解儿童情绪能力发展时间表

要帮助孩子发展情绪自控力，我们首先需要了解儿童情绪能力发展时间表。

> 儿童心理学的研究表明：在孩子出生后的头 2 年，通常需要靠转移注意力、寻求大人帮助或借助一些安抚物来释放负面情绪，他们有一定的自我安慰能力，主要行为表现在吸吮手指、玩弄头发等；

---

① ［美］丹尼尔·戈尔曼.情商［M］.杨春晓，译.北京：中信出版社，2018.

2~3岁期间，孩子才能够在游戏中表达情绪，比如被强迫打针的孩子，回家后可能会玩医生打针的游戏，通过在假装游戏中扮演强大的一方来释放自己的害怕与恐惧；

在3~10岁之间，孩子开始发展出情绪自控力，主要表现在他们能够谈论情绪、思考情绪、压制情绪，同时能够反思情绪表现，也能理智地认识到情绪是怎样产生并被控制的。

当然，孩子情绪能力的发展虽然遵循一定的时间规律，但离不开父母的引导。文章一开头的新闻就能很好地说明这一点：欠缺情绪管理能力的孩子，就算成年了，他的情绪控制能力也许还只停留在幼儿期。

如何引导孩子发展情绪自控力

父母如何帮助孩子发展情绪自控力呢？简单来说，我们可以做到以下三点。

（1）与孩子建立情感联结

如之前的文章所说，当孩子深陷负面情绪时，父母应首先专注于与孩子建立情感联结。具体做法有拥抱、递纸巾、静静地陪伴、用语言表达我们的理解，或者轻抚孩子的后背，等等。当孩子感受到与父母的"联结"时，他便有了安全感，"理智脑"也会随之恢复工作。

同时，主动与孩子建立情感联结，也在向孩子展现我们对于情绪的态度：所有的情绪都是正常的，是可以被接纳的。

（2）引导孩子了解情绪

若想更好地应对情绪问题，我们就需要认识、体会、感受情绪。

在这里，我想与大家分享三个小游戏。

情绪表演

平日里，我和心心偶尔会玩"情绪表演"游戏。我会将家里的情绪卡片（印有各类情绪脸谱和名称的卡片，家长可以与孩子一起自制这类卡片）正面朝下铺在地上。接着，我们轮流抽取卡片。抽到卡片的人不能告诉对方自己抽到的是什么，而需要通过面部表情或肢体动作将之表演出来，由另一个人猜。

这个小游戏可以引导孩子认识更多细腻、复杂的情绪，同时能让孩子更好地通过表情和动作了解他人的感受，从而更有同理心。

情绪指示计

有一次，心心情绪平复之后，我建议："咱俩做一个'情绪指示计'如何？它就像体温计一样，你有情绪时，我就会用它测量出你的情绪强度。"

心心觉得有意思，我们便开始行动起来，她把"情绪指示计"做成她喜欢的小鱼的模样，并认真地画上了10个刻度。

之后在她伤心、愤怒时，我便会拿出情绪指示计给她测一下，她会告诉我："现在已经9度了，我非常非常生气！""这一次只有3度，妈妈，我只是有一点不开心。"

情绪指示计游戏不仅能让孩子更好地感受自己的情绪，还能促进孩子表达自己的情绪。

情绪人偶图

这个游戏的玩法是，在一张空白的纸上画出几个人形轮廓，我们可以用几种不同颜色的彩笔代表不一样的情绪，然后让孩子在人形中画出当他出现某种情绪时，身体的哪个部分会有反应。

一次，我与心心一起玩这个游戏。她在画中用红色代表生气的情绪，她将红色重重地涂在了手和牙齿上；她用蓝色代表伤心的情绪，将它涂在了眼睛周围与心脏上。她告诉我，这是因为生气的时候，她会握紧拳头，将牙齿咬得咯咯响；而伤心的时候就不一样了，伤心这种情绪是表现在心里的，还会通过眼睛流出眼泪表现出来。

通过这个小游戏，我们可以引导孩子感受自己有什么情绪，当产生每种情绪时，我们又会有怎样不同的身体反应。将情绪与身体反应联系起来，我们就能更好地认识它、关注它。

（3）探索平复情绪的方法

当孩子产生负面情绪时，我们除了要与他建立良好的情感联结、引导他更多地了解情绪，还需要带领他探索如何让情绪平复下来的具体方法。只有形成这样的闭环，孩子的情绪自控力才会提升。

下面介绍我用于引导孩子平复情绪的好办法。

觉知之轮

这个方法是由美国人际神经科学家丹尼尔·西格尔先生提出的。通过它，我们可以引导孩子觉知到生活的更多方面，不再深陷于某一种极端的情绪里。

一次，心心和好朋友浩浩一起玩耍，玩着玩着，浩浩突然不想玩了，想回家拼乐高。他妈妈劝他再玩一会儿，浩浩却不高兴，很直接地表达："我不喜欢和心心玩，没意思！"

这时我注意到心心很惊讶，虽然她还理直气壮地质问浩浩"你为什么不喜欢和我玩"，但我猜她心里一定很伤心。

回到家，她果然还在为这件事耿耿于怀。

于是我建议："心心，咱们玩个游戏吧！我们一起画个轮胎，中间代表你。你现在有任何的想法，我都将它们写在轮胎上。"

说着，我将轮胎外围划分成好几等份，并鼓励她想到什么就说什么（见图 4-1）。

她开始说出自己的想法，比如："浩浩不是不喜欢和我玩，他只是很想玩乐高""浩浩在幼儿园也不怎么和我玩""我还有两个好朋友，是 Summer 和甜甜，她们对我很好""妈妈，今晚我想吃肉""我最喜欢的人是妈妈""今晚我还想玩飞毯游戏"，等等。

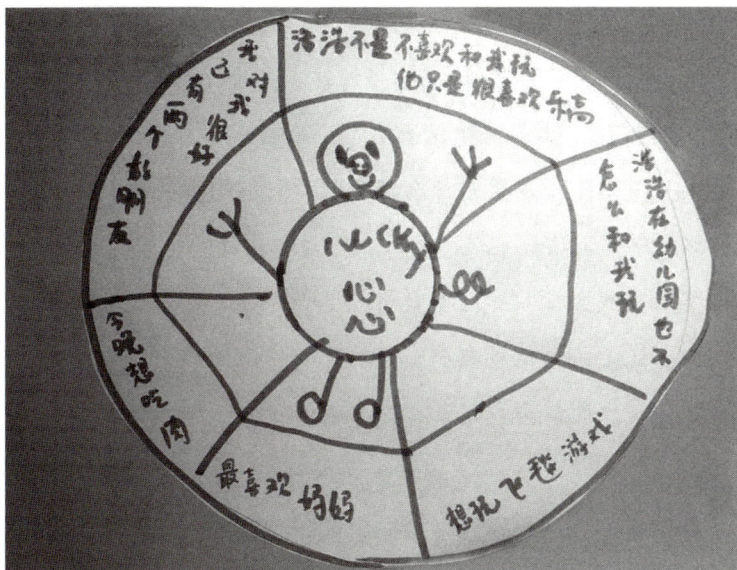

图 4-1　心心的觉知之轮

这些想法之间没有什么关联，但都是当下的她所想到的。我认真地将它们写在"轮胎"上，做好"觉知之轮"之后，我又一项项读给她听。

她看着画中的轮胎，在圆心处又补上了一个小人。画中的小人开心地扬起了嘴角。

我想，通过这样直观的方式，她可能意识到了生活是多元的。这一件让她伤心的事仅仅是生活的一小部分而已。只要她愿意，她就完全可以选择将注意力放在让她开心、向往的事情上，用快乐驱散失落的情绪。

情绪小怪物

与心心一起读《罗伯生气了》[1]这本书后，我尝试引导心心将抽象的情绪具象化，比如将情绪画成"小怪兽"的模样。在画的过程中，我会问她，这个小怪兽是什么颜色的、它胖吗、它想做些什么、它在想什么呀……其实这也是一种和孩子讨论情绪的方式。

然后，我会让心心选择如何处置小怪兽，是将画纸撕碎，让小怪兽消失？还是将画纸放在一个纸箱里，将小怪兽关起来？或者如果她有什么不一样的创意，都可以随性发挥。

只要将抽象的情绪具象化，我们就能多角度、更深入地感受情绪。而处置"小怪兽"的过程又能帮助孩子痛快地发泄情绪。

除了上述两种平复情绪的方法，我们还试过通过一起数数平复情绪。每每数到20多时，心心的"情绪指示计"上的强度值就会明显降下来。

有时，我还会鼓励她做运动，用伸展肢体、转圈、快跑或滑稽的"抖抖抖"运动来赶走坏情绪。几个循环折腾下来，她的负面情绪通常就消散了一大半。

我们还一起做了个"不开心选择轮"，它就像幸运大转盘一样。我和心心将好用的平复情绪的方法都画在轮子上。在她情绪低落时，我就会提醒她："要不去转一下不开心选择轮，看看今天我们用什么办法平复情绪？"每当这个时候，她的小眼睛都会亮起来。渐渐地，她的情绪自控力提高了不少。

孩子能独立、妥善地处理好情绪问题，需要一个大前提：他有大量

---

① ［法］米雷耶·阿隆索. 罗伯生气了［M］. 戴露，译. 武汉：长江少年儿童出版社，2016.

被安抚、被倾听、被接纳负面情绪的体验，还有充足地认识情绪、成功平复情绪的经历。如果孩子有负面情绪时，我们的陪伴、安抚与引导能让他切实感受到负面情绪只是暂时的；负面情绪并不代表自己的全部；不管怎样，他都是被爱的。那么，他们就会感到舒适、安全、自信，而且这种舒适感、安全感与自信心会内化于心，逐渐演变成孩子的情绪自控力！

第五章

情绪平和，内心安定

——别让自己因为情绪失控伤害孩子

一个情绪平和的父母会给孩子传递内心安定的信息，让孩子更有安全感。可要保持情绪平和并不容易，这需要我们在情绪爆发后能及时反思，在感到挫败时学会自我体谅，以及在生活中好好爱自己。

每一个孩子都是一个独立存在的个体。

第一节

我们对孩子的大吼大叫，有多少次是借机泄愤

探究情绪失控的真实原因

前几天，朋友对我说起她和孩子之间的一件事，当场就忍不住地掉下眼泪。事情是这样的。

朋友带着 2 岁多的儿子小花生去游乐场玩。小花生可开心了，他一遍遍地玩着滑梯，在海洋球里翻滚，将沙子装进翻斗车，又运送去别处堆好，忙得不亦乐乎。

可一会儿，朋友耳边就传来小花生害怕的哭腔："妈妈！妈妈！来帮我！"原来，他想去滑梯的另一边玩，可要过去得经过一根独木桥，他不敢自己走。

朋友见状，便鼓励小花生："没事，来，妈妈就站在这儿，你先迈出一步！"

小花生不愿意，恳求道："妈妈，你把我抱过去！"

朋友一想，这可不行啊，孩子都 2 岁多了还这么胆小，得练啊！

"不，妈妈不抱，宝宝可以自己走！"朋友好声好气地说。可鼓

励了半天，孩子还是不敢过，他的脸涨得通红，哭声越来越大了。

这时，后面来了个小妹妹，她奇怪地看了看小花生，然后走到他前面，几步就过了独木桥。过完，小妹妹回头冲小花生叫："小哥哥，没事的，快过来吧！"

旁边小女孩的妈妈照顾朋友的心情，低声告诉女儿："哥哥一会儿就过，我们先去别处玩。"

可朋友觉得更尴尬了。她压着火，在几次温和的劝说无效后，最终警告小花生："你不过来我就走了！"

说着，朋友就往外走。小花生更害怕了，放声大哭。

最后，朋友将孩子抱离了游乐场。

之后的某一天，朋友再次提出要带小花生去那个游乐场玩，但孩子特别抗拒，低着头不停重复："妈妈生气！宝宝不是故意的！"

原本就为此内疚的朋友，听到孩子无辜的话语后心疼不已，当时就无声地哭了。

对我说起这件事时，她还是很难过。她问我："你说，孩子都害怕成那样了，我还这样威胁他，打算丢下他，我是不是个魔鬼？"

朋友一向性情温和，对孩子充满耐心。我想，跟她一样，每一位父母都会有觉得自己做得很糟的时候，但这并不能代表全部。我们与其深陷自责与内疚之中，不如跳出来更深入地思考这件事，这样才能避免同样的错误再次发生。

于是我尝试问朋友，她当时的感受与情绪的来源到底是什么。最开始，朋友认为她是对孩子的胆小感到愤怒。渐渐地，她明白了当时的自己是被挫败感与无力感裹挟了——对比之下，她觉得孩子不够好，由此认为自己不是一个好妈妈，没教好孩子，也没有能力教孩子。

在那一刻，朋友无法直面自己的挫败感，便不自觉地将怒气迁移到孩子身上。而孩子真不是故意不走独木桥的，他是真真切切地感到害怕。

这让我想起另一件事。

橘子是我公众号的读者。有一天她给我留言，说她孩子最近上幼儿园，分离焦虑很严重。

那天早上，她把孩子送到教室门口时，孩子又大哭大闹不肯进去。橘子安慰了半天，最终失去耐心，对着孩子吼了起来："每天早上都是这样！你看看别的孩子有没有哭？你都上中班了，又不是第一天入园，这么闹你羞不羞？"

吼完孩子后，她便丢下孩子离开了幼儿园，老师继续安抚哭得撕心裂肺的孩子。

橘子问我："这孩子到底有什么毛病？"

在我说了一通"每个孩子不一样，刚入学不太适应很正常"之后，橘子渐渐平静下来，回复我："其实我也觉得这很正常啊，过段时间孩子应该就能适应。但孩子爸爸就是不能接受！前天他送孩子去幼儿园，孩子哭闹之后，他就打电话指责我，问我怎么带的孩子，全班就他一个人哭，真是丢尽了脸。"

说完，橘子突然意识到这才是她情绪失控的根源："队友"的指责让她既委屈又愤怒，似乎因为孩子这一件事做得不够好，"队友"就要将自己这么多年的付出一笔抹杀，一概否定。得不到家人的认可，橘子感到失落，觉得不公平。

这种感受积压在橘子心里，后来在孩子哭闹时便瞬间爆发，导致她将情绪宣泄在了孩子身上。

在育儿中，这样的情况还有很多。

孩子小时候碰到了插座，我们把孩子抱开后就给了他一顿揍，嘴里说着"打了才长记性"，其实我们是在借机释放自己的紧张与没看好孩子的内疚。

孩子长大后常常不听话，与我们唱反调，于是我们动用更严厉的惩罚措施，用成人的特权压制孩子，其实我们是在借机释放自己的无力感与对失控的恐惧。

正如《游戏力》一书所说，我们善于为自己的情绪裹上"理直气壮"的外衣，有时甚至用它们骗过了自己。可但凡我们看得透彻一些，对自己更诚实一点，就会发现这些不过是对自身情绪的放纵。

用"萨提亚冰山日记"帮助自己反思

其实，没有哪个父母会故意借孩子发泄情绪。从以上两个故事，我们能看出，妈妈们已尽自己最大的努力去安抚孩子、鼓励孩子。可是，如果这时周围的环境或别人的评价让我们感到挫败、沮丧，我们就容易情绪失控。

我也经历过同样的事情。对我来说，在对孩子发脾气、大吼大叫后，认真复盘格外重要。只有先做到"后知后觉"，之后我们才有可能做到"当知当觉"，甚至"先知先觉"。

在这里，我推荐给大家一个非常好用的自我觉察工具——萨提亚冰山日记。

我们可以首先来看一下图 5-1 "萨提亚个人内在冰山图"。

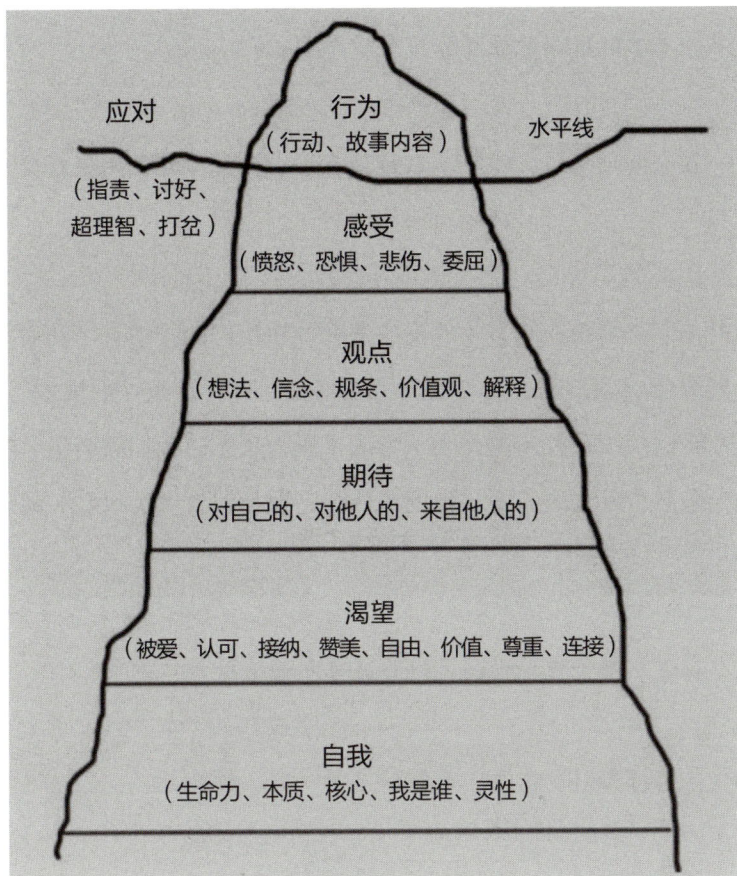

图 5-1　萨提亚个人内在冰山图

资料来源：《找到意想不到的自己：萨提亚模式与自我成长》。

萨提亚个人内在冰山理论认为，一个人的自我就像一座巨大的冰山，我们的行为只是表象，犹如浮在海面上的冰山一角；真正决定这些外在表现的是深藏于海面之下更加庞大的内在系统。这个内在系统包括我们的应对、感受、观点、期待、渴望以及自我等。

下面以文章开头的故事为例，利用萨提亚冰山日记对这件事进行内观。

行为：表面可见的事件现象。

在这个例子中，孩子不敢过独木桥，哭哭啼啼；妈妈对孩子发了脾气。

应对：应对是我们对事物的反应态度。当我们能接纳自己和对方的行为时，就会照顾到自己、对方及当下的情境，进行一致性的回应。相反，如果我们无法接纳所发生的行为，形成了压力状态，我们就会用一些惯用的方式来应对事件，进行不一致的沟通，它包括：指责、讨好、超理智与打岔。

在这个例子中，妈妈用到的应对方式是指责。

感受：由行为引发的内在感受。

在这个例子中，看见孩子怎么都不敢过独木桥，妈妈心里很着急、烦躁。

感受的感受：当一种感受产生时，我们内心会对这种感受产生一个评价，从而带来更加复杂的感受。

在这个例子中，妈妈很着急、烦躁，看到比自己孩子还小的小妹妹都能自己过独木桥，妈妈更感到挫败，陷入了对自我的否定。

观点：这是制造我们感受的脚本，也是我们内隐的信念系统。

在这个例子中，妈妈认为：我的孩子不应该胆小，他应该十全十美，毕竟我一直尽心尽力地带他。

期待：有对自己的期待、对对方的期待、对方对自己的期待。

这个例子含有以下两种期待。

妈妈对自己的期待：妈妈希望自己能情绪稳定地支持孩子过独木桥。

妈妈对孩子的期待：妈妈希望孩子能勇敢地走过独木桥。

渴望：内心真正在意的价值，这是所有人共有的渴望，比如被爱、接纳、价值、自由、尊重。

在这个例子中，妈妈渴望的是培养好孩子带来的成就感、被认同感。

自我：在最深的层面上，我们如何评价自己。

在这个例子中，这位妈妈也许会评价自己是一个很多事都能做好的人。

到这儿，一座完整的"冰山"就被填充完了。不过，这只是呈现"冰山"，接下来，我们还要转化"冰山"。

转化"冰山"时，我们主要是去看"冰山"的各个层面，判断哪些层面出现了不协调现象或冲突。比如在这个例子中，很显然是观点与期待这两个层面出了问题。

如果妈妈能意识到每个孩子是不一样的，她的孩子虽然胆量小点儿，但也有很多的优点，而且，孩子"胆小"并不能说明她就是个失败的妈妈。那么，妈妈的内心会更加平静，也会做出更支持孩子的行为，甚至会允许孩子这一次不过独木桥，下一次再尝试。

"萨提亚冰山日记"这个工具能帮助我们深入地向内看，看到我们内心最真实、最底层的想法和观念。而这些，就是当下情绪的来源。

有意识地进行"情绪分离"

说到这儿，我想到由邓超主演的《银河补习班》这部电影。

电影中，爸爸马皓文曾是一名功成名就的建筑工程师，主持修建了东沛大桥，而且曾是万众瞩目的城市火炬手。但在东沛大桥轰然坍塌的那一刻，一切全变了。

他锒铛入狱，妻子与他离婚。出狱时，前妻已再嫁，而儿子马文成了"不良少年"，正要被学校劝退。爸爸希望校长能再给儿子一次机会，于是与校长打赌：如果一个学期结束后，儿子能考进年级前十名，就让儿子继续留校学习。校长同意了。

之后，爸爸一边忙着照顾孩子的生活起居、学习成长，一边忙着找工作，并为自己的冤案申诉。在这个过程中，他遭到他人的嘲笑、前单位同事的非议与侮辱、申诉单位的刁难与敷衍……

大部分时候，在外受尽委屈的爸爸都能收拾好心情重新面对儿子。只有一次，在感到申诉无望之时，恰逢儿子兴奋地提出想看航展，不堪重负的他终于忍不住冲儿子发了脾气。不过很快，他便明白，这情绪其实来源于自己。他向儿子道歉："对不起，我也是第一次当爸爸……"

看到这儿的时候，我非常感动。电影中的爸爸马皓文向我们很好地诠释了什么叫作"情绪分离"。如他所说："当你能够做到自己身处黑暗之中，还能把光明留给别人，你就是一个成年人了。"

是的，对于情绪问题，我们应该有意识地在自己与孩子之间画上一条界线。我们需要拿回本该由自己处理的情绪，不让其伤及弱小的孩子。我们要剥离开自己的成长议题，不要让孩子替我们负重前行。

这是为人父母的自觉，虽然很难做到，但值得努力！

第二节

你对孩子撒的气，有多少来自童年的创伤

为人父母，你是否遇到过以下情景？

只要听见孩子嘟嘟囔囔，我们就非常烦躁，忍不住对他吼："能不能好好说话？"

家人质疑孩子有些瘦弱之后，每当孩子吃饭，我们就会焦虑地盯着孩子到底吃了多少，如果怎么哄劝孩子都不好好吃，我们就会控制不住地发脾气。

带孩子去上兴趣班，见别的孩子上课时大方地发言，自己家孩子却羞涩、退缩，我们就忍不住指责孩子。

是啊，我们都想尽心尽力做个好父母，对孩子温柔、耐心，希望能培养他们的好性格，让他们充满安全感。可负面情绪往往说来就来，控制不住情绪的我们往往会拿孩子撒气，之后又留下深深的内疚与自责。

回头再想想，很多时候，孩子的行为并不是不可接受的——他们或许只是不知道如何正确地表达自己，或许只是需要释放内心的压力与不快，或许根本没有做错什么，我们却突然生气。这是为什么呢？

心理学告诉我们，这是因为我们每个人身上都有一些"情绪触发点"。

它指的是当前的某件事情突然自动引发了我们的强烈反应，但是这个反应的出现并不是基于当下的情况，而是基于一些过去的经验。

在心理治疗中，这个概念被广泛运用，以帮助人们意识和觉察自己的行为。

情绪触发点主要包含三部分：触发点、反应和反应来源。

举例来说，孩子哭可以是一种触发点；我们的反应是心烦、着急、挫败；反应的来源也许是在我们小时候，发泄负面情绪是被父母禁止的，甚至我们只要流露出负面情绪，就会受到惩罚。所以，一看到孩子哭，我们小时候难过的记忆就被唤醒，让现在的我们感到格外难受与煎熬。

一旦我们抽丝剥茧看到情绪触发点的反应来源，就能对症下药解决问题，减少情绪爆发的次数。在游戏力讲师培训课堂上，科恩博士分享给我们这样一张表格（见表 5-1），它可以帮助我们在情绪失控之后进行自我觉察。

表 5-1　情绪触发点觉察表格

触发点 （当前情境）	你的反应	你觉得最有可能触发 你的情绪的原因	下一次可以怎么做

我一直都在坚持使用这张表格。因为它，我欣喜地发现了自己很多的内在情绪模式、未被满足的需求，等等。因为它，每一次的亲子冲突都能成为促使自我成长的契机。

就拿最近的一件事来说吧！我发现，每次我与别人说话，心心又不断地插嘴，而我却不能及时倾听时，我会非常烦躁。虽然我还没有烦躁到对心心大吼大叫，但常常因为同样的事情产生这种不好的情绪。这也算是一个信号，提醒我该去看看这背后到底有什么。

我首先记录下"触发点"，也就是当时的情境。

> 我和家人正在聊天，而心心在一边大声说："妈妈妈妈，我问你一个问题！"我停下来，告诉她："心心，等妈妈先把话说完。"接着我转过头继续聊天，可心心的声音却越来越大，语调也着急起来："妈妈！妈妈！你听我说，听我说！"

我当时的反应如下。

> 我变得非常不耐烦，大声指责心心："干吗？为什么又要插嘴！你怎么总这样！"

接着，我开始思考最有可能触发我的情绪的原因是什么。

> 我仔细想了想，在这件事上，我内心的信念是：认真倾听孩子说话是一件非常重要的事情，也是好妈妈都会做的事。
>
> 我之所以有这样的信念，是因为从小我就是一个很少被父母倾听心声的孩子。我爸妈做生意，开的是夫妻店。每天他们都会把生意上的事情搬到家里来，在吃饭、休息时仍在讨论。我很希望他们能听我说说话，又觉得他们不关心、不在意我。
>
> 有了心心后，我会格外注意去倾听她的心声。可是遇到上述情况，当我们俩的需求有冲突，我没法做到好好倾听时，我就会非常沮丧、自责。特别是在她催促我去倾听时，我会有一种很气愤的感

觉——"我是个好妈妈，我会倾听你的心声，可你为什么不能给我一点时间？"

想到这儿，我恍然大悟，说白了，我的情绪被触发的原因是"想当好妈妈而不能"的挫败感。

不过，到这里好像还没分析完。为什么我会对心心打断我说话这件事如此敏感？

每个人都不希望自己在说话时被打断，可我在这点上似乎比大多数人还要介意。

我感到这个场景有些似曾相识。小时候，我和妈妈说话，妈妈就会时不时打断我，转向一些毫不相干的话题。当她这么做时，我会感到不被尊重，而且觉得她对我所说的一切都不感兴趣。

在被心心打断的瞬间，小时候那种不被尊重的感觉再次浮现，并且包围了我。

以上两点就是我当时不耐烦的原因。当我这样深入地分析一个行为的时候，我才明白其中暗藏的原因。

知道了原因所在，那么下一次我可以怎么做呢？我认为只有提前想好解决方案，才不会重蹈覆辙。我想到了两个解决方案。

（1）尝试在心心插嘴时先给她30秒的关注时间，听她简单把话说完，接着再告诉她什么时候我们可以继续谈论她的话题。

（2）有意减少"等一会儿""等妈妈说完话"之类的抽象描述，因为当我这样说时，心心还是不清楚到底要等多久。我可以直接拿出手机给心心看时间，准确地告诉她需要等多少分钟。

就这样，一份情绪触发点觉察表格就完成了。按我以往的经验，通常只要觉察到了情绪触发的原因，下一次发生类似的事件时，我们就能以一个观察者的角度看当下，并与自己的情绪保持距离了。另外，我们想到的解决方案也许只在某个情境才有用，也许难以执行，因此我们需要根据实践不断更新迭代。

在我感觉做得"不够好"时，这个表格总能将我从内疚感中解救出来，这能让我更多、更深入地了解自己。因为这个表格好用，所以我将它推荐给了朋友们。

之前，有一位朋友对我说，一次她的孩子带着自己的玩具出门玩，却被一个小弟弟直接抢走了玩具，孩子一声不吭。她见状感到非常生气，觉得孩子太懦弱。于是，她当场就向孩子演示如何保护自己的"权益"。

我认为她的生气只是一种表面情绪，于是引导她深入地感受在"生气"之下还有什么情绪。她写下：无力、厌恶、担心。

接着，我问她："在什么时候，你有过类似的感受？"她这才联想起自己小时候的经历。

在朋友的印象中，妈妈性格很懦弱，不管是和亲戚相处，还是和爸爸相处，当妈妈的需求与别人的需求发生冲突时，妈妈只会委屈自己、迎合他人。私底下，她的妈妈常将这些不满与委屈说给她听。朋友从小就是她的妈妈的"小棉袄"，看妈妈这么不开心，除了为她鸣不平，也不知还能做什么。她一方面心疼妈妈，另一方面又有些"怒其不争"。更糟糕的是，长大后，她发现自己也有这样的性格倾向，与好朋友做什么事时，她都会以他人的喜好为主：对于朋友的请求，她明明不想答应，却不懂得拒绝；对于明明不认同的观点，她却佯装与对方意见一致……她厌恶自己这样的性格，可又不知如何改变。

看到了这一层，朋友才明白，"要勇于保护自己的权益"原来是她的议题。

没错，如果我们特别看不惯孩子身上的某个特质、某种言行，那一定是因为我们自身也有那个特质，也会出现那种言行，所以，那些看不惯的东西在孩子身上表现出来的时候才会特别显眼。

学会使用这个情绪触发点觉察表格之后，我开始格外珍视自己犯下的每一个小错误。因为我知道，它们会引领我再次回到过去，让那些被忽视的伤痛、无形中形成的固有情绪模式再一次被照见。

因为被照见，我们才有机会修复这些代际创伤；也因为被照见，我们才能逐渐成为情绪平和、内心安定的父母，让孩子更有安全感。

第三节
陪孩子写作业，你为什么总忍不住发脾气

网上流传说："不写作业母慈子孝，一写作业鸡飞狗跳。"

对于这句话，起初我是不理解的。看到新闻中有妈妈因为辅导作业气得心梗，被送去医院抢救；视频里爸妈们在讲题时讲着讲着就开始冲孩子怒吼，我不太能理解。直到自己亲自陪伴孩子完成学习过程，我才切实体会到了爸妈们那种生气和无力的感觉。

有一次，我陪心心指读英语绘本。在写作业之前，她就有些抗拒。她一会儿要吃点儿水果，一会儿要再玩会儿玩具，好不容易才坐到了写字台前开始读书。没读几句我就发现，她实在是很不认真，好几次都将"a"读成了"the"；她虽然学习了自然拼读，但没有耐心拼读，常常瞥一眼单词前面两个字母就随意乱读，因此总会犯错。起初遇到这些问题时，我都会耐心提醒她要看仔细，可她并没有听到心里去，所以她再次犯错时，我的语气就变得不太友好了。

除了读书不认真，她还总是开小差。她要么读着读着就想与我聊天，要么就忍不住地摸摸橡皮、玩玩铅笔。有时，看到她盯着书半天也读不出一个单词，我就知道她又开始神游了。见她这样子，我有时会控制不住自己，一把抢过她的书，把书扔在地上，对她大吼起来：

"还能不能认真读书了？不认真就别读了！"我就这样冲着心心大喊大叫了好几分钟，直到她害怕地大哭起来才罢休。

情绪是发泄完了，可这并没有让我感觉好一些。相反，我感觉更糟了，我开始内疚、后悔、自责。这些情绪压在我的心头，让我感觉特别沉重。

一直到孩子睡着，我才得到了一段安静的、不被打扰的时光，能好好关注自己，回想刚刚到底发生了什么。

我打开日记本，先如实地记录了事情的过程，以及我现在的身心感受。接下来，我开始反思 3 个问题。

我为什么会如此失控

刚才心心的表现顶多算是个导火索。我明白自己的失控来源于之前负面情绪积压造成的"情绪超载"。

实际上，自打心心开始学英语、做作业，我就发现她并不如我期待的那么"好"。诚实地说，每当在班级群里看到别的孩子学得更好时，我都会暗自失落。虽然我知道每个孩子都各有特点，但这种感受是那么的真实。看到了这层"失落"，我打算主动走上前去拥抱它，并一探究竟。

我问自己：在这"失落"的情绪之下，藏着一个什么样的信念呢？

我发现我的内心认可这样一个信念：孩子的学习水平代表了妈妈的教育水平。

我板着脸陪孩子读书，每一次孩子读得费劲时，我身边似乎都有一个隐形人在评判我："是你这个妈妈不如别的妈妈教育水平高，孩子才会这样。"一旦认为孩子的学习水平决定了我的教育水平，我能不紧张、不挫败吗？

看到这个点，我倒吸一口凉气，觉得真是太可怕了。

当然，这个想法并非空穴来风。这是因为我们一直信奉什么"孩子就是一张白纸，能呈现什么样的画卷全看父母""父母是原件，孩子是复印件"等观念。

从某些角度来说，这些观念是对的。但如果总这么认为，我们就会感觉自己和孩子是一体的。

可实际情况并非如此。每个孩子都是一个独立存在的个体。

心理学家伍罡在《其乐无穷的战斗》[①]中写道：

> 决定孩子未来发展的两大因素，第一是基因，第二是环境。基因决定发展顺序，环境决定发展水平。换句话说，孩子的成长发育有自身的阶段性，什么时候发育什么，由基因决定。这个阶段的特质发育得好不好，由环境决定。

换句话说，有时我们太看重环境对孩子的影响，而忽视了每个孩子有着不同的基因。这就好比，我们每位父母手中捧着的都是一粒独一无二的种子，它们有着不同的习性，也有不同的花期，需要不同的浇灌方式。一位好父母，不应期待自己的种子与其他人的同时开花，而是愿意接受自己的种子开在它专属的花期，盛放它独特的美，散发它特别的芬芳。

想到这一点，我的心态平和了很多。你还别说，理解一个理论很简

---

① 伍罡.其乐无穷的战斗［M］.武汉：长江少年儿童出版社，2017.

单，但要将它内化到心里，我们还真得在生活中一次次地调整、练习。

孩子真的像我认为的那么糟糕吗

认清了自己的情绪不只是来源于孩子，更多是由自己的"错误信念"造成的之后，我开始继续反思：孩子真的像我认为的那么糟糕吗？这里，我觉察到了三点。

（1）孩子本身的年龄局限及教育欠缺

我们总说，自己发脾气是因为孩子太不认真。可不认真的态度谁没有过呢？想想即便是我们，在工作或看书时，是不是也有开小差、马马虎虎就敷衍过去的时候？何况一个年纪尚小的孩子，自控力差不是很正常吗？就拿他们注意力集中的时长来说吧！

> 一般来说，2 ~ 3 岁的孩子专注时间为 10 ~ 12 分钟；
>
> 5 ~ 6 岁的孩子专注时间为 12 ~ 15 分钟；
>
> 7 ~ 10 岁的孩子专注时间为 20 分钟；
>
> 10 ~ 12 岁的孩子专注时间为 25 分钟；
>
> 12 岁以上的孩子专注时间可以达到 30 分钟以上。

所以，我们以为孩子不想认真、故意作对，实际上大部分时候只是他没有能力做到认真而已。

同时我通过反思发现，心心读单词时总是因为粗心而读错，我对此也有责任。我总是希望她能读得快一些、流畅一些，而没有花时间培养她认真学习的品质。养成这些好的学习习惯并非一日之功，它更需要孩子在日常生活中一步一个脚印地练习。

（2）我们过度关注孩子"不足"的方面

我们总觉得孩子学得很糟糕，有可能是因为我们总将孩子学得很好当成理所当然，而习惯将所有的火力都集中在孩子不足的地方。

在这一层面上，我反思我确实是这样的。五岁的心心已经能读比较长篇的英文绘本了，而且认识不少英文单词。可我却只盯着她的"不足"看，盯得多了，"不足"的方面就越来越多，甚至占据了我所有的视线。

（3）我们的状态影响了孩子的思考

当我们严肃地坐在孩子旁边，机械地给他指出错误，同时要压抑自己的负面情绪时，孩子是能敏锐地觉察到这种气氛的，他也会紧张。他越紧张，就越会通过摸手摸脚、开小差等方式进行自我减压。因为分散了一部分精力去对抗我们的负面情绪，孩子能集中到写作业上的精力就少了很多。

　　我曾在麦当劳看见一位妈妈辅导孩子写作业。那位妈妈说着说着就抢过孩子手中的笔，将笔砸向孩子。当孩子再接着写作业时，手都在抖。这时候，指望他能集中注意力在题目上，几乎是不可能的。

回想起当时的场景，再看看眼前自己的所作所为，我忍不住地后悔：为了让孩子学会一些知识、掌握一点技能，我居然采用了错误的教育方式。这种教育方式不仅挫伤了她的自信与自尊，还可能破坏她对学习的兴趣，真是太不值得了！

接下来，我可以怎么做

首先，我想到的是，我不能再因为情绪失控伤害孩子了。于是，我提前与心心说好："下一次，如果妈妈对你说'我要生气了'，这就是一个信号，告诉你'该逃命了'。这时，你千万要立马远离我，找一个安全的地方躲好，过一会儿再出来看看情况。"

这个方法还真好用。在气头上的时候，我要控制住自己的脾气并不容易。可孩子一接收到"信号"，就主动并迅速地远离我，常常能"幸免于难"。

除此之外，我继续思考该怎样在学习上更好地帮助心心。当时，我想到了以下三点。

（1）用番茄钟培养孩子的专注力

我在看书时总想玩玩手机，或被一些日常琐事分散注意力。为了治自己这毛病，我会在看书前先给自己上一个 25 分钟的番茄钟。有了这个小小的仪式，我在看书时就很容易集中注意力。

孩子也一样，我注意到，对于一本十几页的分级阅读读物，如果我拿着手机录她朗读的过程，她就能在 5 分钟之内读完；但在不用手机录下朗读过程的时候，她通常十几分钟才能读完一遍。

但总拿着手机录吧，孩子会不乐意。所以我打算将"番茄钟"介绍给心心。我故作神秘地提议："咱们来试验一下吧，看看 5 分钟之内，你在读书的过程中会开小差几次。"

她觉得挺有意思，一开始会开小差 1 ~ 2 次，我就在纸上画上叉号。这个小动作让她对自己的神游有了概念，于是开始下意识地好好读。

5 分钟到了，我爽快地在纸上画上一堆"对勾"，并鼓励她："你看，挺不错的，你只开了 2 次小差呢！在别的时候，你都非常专心。下次想开小差的时候，你可以在心里提醒自己，这样你就会越来越专注了。"

一直到现在，心心都挺喜欢这个有点挑战的小游戏。我也在尝试将番茄钟的时间慢慢拉长。

（2）将学习过程变得有趣

我观察到一个反差很大的情况：心心在完成幼儿园的英文作业时，总是特别主动，玩儿似的就做完了；但对于课外班的分级阅读作业，她是打心底里不乐意写。

在幼儿园，心心有一个很棒的外教老师，外教老师深谙"寓教于乐"的道理。每每去听公开课，我都感叹，孩子们真的玩着游戏、跳着舞就把英语学会了。所以对于幼儿园老师布置的作业，心心并不抗拒。

于是，我向外教老师请教，怎样才能让心心对分级阅读作业能有对幼儿园作业这样的热情。外教老师特别有趣，说话时眉眼都在飞舞。她告诉我，即使心心不愿意读，我们也不要放弃，要坚持陪她读下去，可以每天读一点点，尝试让学习变得有趣。比如，在陪她看图时，我们可以兴奋地说："哇！你看，这个人怎么这样了？太搞笑了吧！"我们也可以和她演出绘本里的情景。总之，她强调，孩子如果觉得阅读好玩，就愿意阅读更多。

外教老师的话给了我很大的启发。只有孩子感觉好了，才能做得好，这个道理放在写作业这件事上也完全成立。我开始特意追求和关注孩子学习时的感觉。

为了让心心感觉更好，我开始在作业环节引入一些小游戏。我们最常玩的有以下两个小游戏。

<h3 style="text-align:center">没有小朋友能做到</h3>

当作业有些难度时，我会假装一脸严肃地说"哎呀，这次作业5岁多的小朋友肯定不会写的呀！老师是不是弄错了？我要去问一问。"说着，我就起身离开房间，走到门口时，我还会不忘提醒一句："你别写啊！你就在这等我一下，我一会儿就回来了！这题太难了！"

这个时候，心心一般会趁我离开的间隙开始快速地写作业。有时，她听到我要走近的脚步声，还会紧张地大喊："妈妈妈妈，你先别过来啊！等一会儿！"

等我"问清楚"回来后，看到心心做完的作业，我简直不敢相信自己的眼睛。我看着心心，假装问她："真的是你写的？不会吧？"又拿起她的笔假装研究了研究，说，"这难道是'神笔马良'的那支笔吗？它难道会自己写作业？"

心心开心又一脸骄傲地说："妈妈，就是我写的！"接着，她迫不及待地等待我给她布置更有挑战性的任务。

这个小游戏还可以进一步变形。比如，我们可以设置一个有趣的故事场景：妈妈变身魔法师，在森林里设下了很多难解的谜题，只有破解谜题的人，才能寻得最终的宝藏。有一天，森林里来了一位小朋友，她虽年纪小，可轻轻松松就破解了很多的谜题，魔法师绞尽脑汁地想了很多她自以为没有人能破解的谜题，可总是被小朋友破解，魔法师越来越焦虑，挑战也在一步步升级……

这种有情节的小游戏总能让孩子沉浸其中，不知不觉就开心、顺畅地完成了不少作业任务。

打败懒惰小人

心心常会有不想写作业的时候，她会哼哼唧唧地说："妈妈，不做行不行？"

这时，我会客观衡量当前的情况，如果是孩子努把力就能坚持完成的任务，我就会故作神秘地跟心心说："哎呀！我怎么感觉你的小脑袋被'懒惰小人'控制了！"

接着，我会拉着心心的手，小声地对她说："这个懒惰小人啊，总会煽动小朋友不要努力，每天能懒则懒，比如，能躺着就不站着，能不写作业就不写。很多小朋友被它控制了之后，整天就爱吃零食、看电视！"我一边说，还一边比划着。

"啊？"心心好像感觉大事不妙！

"但是呢，我们的大脑里还会有一个勤奋小人，当我们的大脑被勤奋小人掌控的时候，我们就会很努力，我们会努力锻炼身体、读书学习。现在，妈妈感觉你大脑里的懒惰小人和勤奋小人正在打架呢！你想帮谁？"

"妈妈，我当然要帮勤奋小人，如果总是这么懒的话，那我最后不就成了懒汉了吗？"

"是呀！如果你最后什么都不会，就不会变得更厉害！"我尝试用心心的语言来与她交流。

"那你现在应该做什么？"我又问。

"哼！我要继续写作业，我不能听懒惰小人的话！"说着，心心又打起精神继续写作业。

我假装在一边听心心大脑里的声音，向她反馈："哎呀，妈妈听到懒惰小人说什么了，他说，这个小朋友怎么回事？他怎么不听我的！完了，我要被勤奋小人打败了！"说着，我还将懒惰小人抓狂的样子表演了出来。

心心乐得咯咯笑，状态也好了很多，又开始集中注意力认真写作业了。

当我用这种有趣的方式陪伴心心写作业时，心心对于作业的感觉好了很多。有时，她甚至还非常期待和我一起挑战各种任务。在这个过程中，她的主动性明显更高了，畏难情绪也常常在激昂的状态下被一扫而光！

（3）对于孩子取得的小进步，要学会表扬和鼓励

孩子的成长要"一小步一小步来"。虽然我明白这个道理，但在实际生活中，我有时会让孩子玩得太多，很久不学习；有时又会让孩子学得过多，让她烦躁。所以在这一点上，我需要改进做法。我需要学习如何调节好生活的节奏，安排好孩子的作息以及学习内容。反观身边培养出"学霸"孩子的妈妈们，她们每一个都能坚持不懈地陪孩子学习，对此，我真是自惭形秽。

但好在我也有优点，比如善于表扬。自从发现我总把心心学会某些知识或技能当成理所当然的之后，我就开始抓住一切时机，毫不吝啬地表扬她。

"哎呀，你竟然记住了'that'这个单词，我能采访一下你是怎么

记住的吗？"

"咦，这么复杂的单词你都能自己拼出来了啊！看来你最近自然拼读学得不错！"

同时，我会更加关注心心认真读对的地方，并进行鼓励。

"哟！今天可真是神奇啊！'plays''played'这些单词你都读对了。这要是以前啊，你肯定都会读成'play'！"

"咦？你是不是给自己安装了'纠错仪'？还是吃了什么'认真仔细聪明丸'？你今天读错的单词很少啊！"

当我的态度和策略改变了之后，我和心心一起学习的时光都变得愉悦了很多。我能看到，心心的自信也越来越强了。

有一次，心心读完一本书后到处翻着找什么，她说："妈妈，你给我画的山去哪儿了？"

哦，我是给她画过一座山，告诉她："你看，你在这儿！"我将她画在了山脚下，同时把班里几个学习成绩好的孩子画在了山腰上。我说："只要你努力，每天爬一点点，你就能很快追上他们！"

现在看来，我这么说表面上听起来是在引导她积极向上，其实多么伤害她的自尊啊。

"山不见了，我们不要山了。"我回答她。

"不，我要，那我再画一座。"她说画就画。我看见她把自己和小朋友们都画在了山腰上，他们一起手拉手开心地玩耍。

"妈妈，你看，我也在山腰上，我可以跟其他小朋友读得一样棒！"

听到她这么说，我心里觉得既感动又感慨：真庆幸啊，孩子的成长具有那么强的可塑性！他们不会因为我们几次不得当的教育干预而被定性。相反，只要我们愿意反思，就永远有机会将他们拉回到健康成长、积极自信的轨道上。

当然，我再清楚不过，这一次的反思与改正绝对不是终点。妈妈的成长就像逆风行走，阻力很大。这些阻力是一些根深蒂固的错误观点，是从小被不恰当对待留下的后遗症，总会让妈妈时不时地犯错。

但在这件事上，我还是希望自己能记住：比起督促孩子学习具体的知识与技能，有意识地保护好孩子的好奇心、兴趣、自尊以及自信更重要。毕竟人生那么长，后者才是能支持我们走得更远、过得更幸福的原动力。

第四节

当妈的挫败感并不能帮我们做得更好

当妈后，我们也许缺时间、缺自由，但一定从不缺少挫败感。尤其在当今社会，新一代父母对自我的怀疑比以往任何时候都要更多一些。这主要来源于三方面的压力。

（1）信息带来的压力

我的一位好朋友在当妈方面可谓尽心尽力。可她与我聊天时常常都在不断地向我表达："觉得自己做得还不够""很焦虑""生怕做错了什么"……

朋友是位职场妈妈，工作繁忙，白天大部分时间都不在孩子身边。可每天晚上，她都会尽量以高质量的方式陪伴孩子，精神饱满地与孩子互动。

就算这样，她还是有深深的亏欠感。孩子睡了之后，她经常看各类育儿公众号来学习育儿知识，可常常越看越焦虑。的确，在这样一个流量为王的时代，各类吸引眼球的文章标题总让我们紧张不已。比如：

《这件事做不好，真的会毁了孩子的一生！》

《90%的父母都没有重视的这件事，偏偏很重要！》

《这件事做晚了，真的会害了孩子！》

看得多了，朋友不由感叹："漫漫当妈路，处处是陷阱。"

除了这些文章标题，很多育儿文章的内容、朋友圈的"晒娃大赛"也让朋友觉得自己很差劲。她经常看着看着就忍不住质问自己：

"为什么别人有这么多当妈的方法，永远有耐心，处理起问题来游刃有余，我就不行？"

"为什么别的妈妈能将'日子过成诗'，把孩子培养得多才多艺、品行兼优，我的育儿生活却是一地鸡毛？"

（2）社会期待的压力

除了信息给我们带来的压力，整个社会与文化对于"妈妈"这个角色也有太多的期待与要求。我们在职场奋勇拼搏，会被人指责没顾好家庭；我们选择当全职妈妈，却又被质疑不够独立、失去自我。

而且关于妈当得好不好，还有一套被不少人认可的标准：

孩子小时候要胖；

长大后要学习成绩好；

进入社会后得有好工作；

工作几年得有房有车；

上学时不能早恋，到适婚年龄时得立马找到对象……

当我们的认知环境如此功利化时，只要孩子不符合这套标准中的某一条，我们就会怀疑自己。也许你会说，这套标准是上一辈的父母所公认的。那么在我们这一代看来，这套标准还得加上一条：如果孩子完全符合这套标准，我们就会怀疑他会不会没有活出自我。

（3）自我学习与成长带给我们的压力

我们这一代父母可谓觉醒的一代。我们热衷于探索内心，了解原生家庭，学习更好的教育方法。我们不想让自己受过的伤、亲历过的不够好的养育方法再代代相传。我们开始学习很多先进的育儿理念，比如倾听、共情、无条件的爱，等等。

带着这样的育儿理念去爱孩子是好事。但从小没被这样对待过，却要用这样的方式去养育孩子，于我们来说，何尝不是一种压力呢？在这个过程中，我们必然会有挫败感。

我不是一个爱抱怨的人，但这些是妈妈们实实在在扛在身上的压力。它们让我们总觉得自己还不够好、还不够……

然而，挫败感并不能帮助我们做得更好。当深陷挫败时，我们往往动弹不得，容易对自己失去信心。那么这时候，应该如何积极地进行自我拯救、自我调节、自我肯定呢？

我试过以下 5 种办法。

（1）觉察"头脑中的声音"

如果说适当的自责是懂得自省、勇于改变的表现，那么，过多的自责就是对自己过分苛责、不接纳自己的表现。

大家有没有倾听过自己头脑里发出的声音？

当你没控制住自己，对孩子大吼大叫时，当你犯懒，随便给孩子糊弄点吃的时，当你心不在焉地陪孩子时，内心就会有一个声音响起："你真不是一个好妈妈！""你真差劲！"或者"你什么都做不好！"

当它响起时，或许我们可以停下来，倾听一下这个声音。你会发现，在大部分时候，这就是我们儿时的养育者的声音。如今，它已内化成我们的一部分，在我们觉得自己"不够好"时响起来，大声地指责我们。

小时候，父母总将我们与别人家的孩子做比较。长大后，我们学会了将自己与别的孩子的妈妈做比较。觉察"头脑中的声音"，离这个声音远一点吧。因为它通常说的都不是真相。

（2）对"外在的评价"有分辨力

青年作家蒋方舟曾在《圆桌派》节目中谈到，一个人如果不看书，那他的价值观就只好由亲朋好友来决定。

是的，当一个人有确定、稳定的内核时，他就不太容易被周围人的价值取向、评价标准影响到。对于养育孩子，对于做妈妈，我们不妨问一问自己：我们衡量好坏的标尺是什么？

之前，一位朋友找我诉苦。她说，家里人都觉得她对孩子太溺爱。老人总说，她不在家时，孩子特别乖；只要她一回来，孩子就开始嘟嘟囔囔，甚至还要钻进她的怀里哭一场。

孩子的状态反差让老人认定了是媳妇的教育方法有问题，这让朋友感到很委屈。由于朋友参加过我的《游戏力》读书会，在养育孩子方面积累了一定的知识，我问她："你觉得为什么孩子见了你就会有这样的情绪呢？"

朋友想起了书中"联结"这一概念，她说："大概是我不在家的时候，我们的联结是断裂的。我一回来，孩子就想用这样的方式重建联结吧！"

说完，朋友又想起，有好几次，孩子一边哭，一边抱怨她出门上班的时间太久。她想她不在家时，孩子一定也是有负面情绪的，只是孩子选择等见到妈妈后再发泄这些情绪。

"没错，"我补充，"孩子这样的表现其实表明，我们是他眼里的'情绪巨人'。在我们这儿，他能感觉到自己的负面情绪是被接纳的，所以他才会放心地发泄出来。而这，恰恰证明了你做得很好！"

朋友听我这么说后，心结一下子被打开了。我又接着问她："对于养育孩子，你认为孩子'乖'比较重要，还是与我们'联结紧密'更重要？"

"那当然是后者啦！"朋友想都没想就回答，"只是老人总觉得'乖'比较重要。这是他们判断与衡量'孩子有没有被教育好'的标准。"

朋友想了想，又坚定地说道："但是没关系，我们可以有自己的标准！"

"我们可以有自己的标准！"这句话说得真好！

是的，如果我们的内心没有一把清晰的标尺，别人的评价就会伺机而入，来定义我们到底是一个什么样的人。相反，如果我们的内心坚定，我们就能更有觉察地倾听"外界的声音"——我们可以分辨出哪些于我们是有用的，而哪些是我们可以不必在意的。如此一来，我们的挫败感就能减少很多。

（3）对自己的成长保持耐心

《系统之美》[①]这本书启发我们，如果从系统的角度看世界，我们每一个人本身就是一个复杂的系统，也有系统的基本要素：流入量、存量及流出量。

如何理解这三个要素呢？以一片原始森林为例，从它的物种数目这个角度看，现有的物种，如树木、动物数目是其存量，这片森林里新增的生命与死去的生命则分别是它的流入量与流出量。

我们人也一样。从人的信念系统、行为模式这个角度看，我们现有的状态就是存量，是由我们过去几十年的生活经验、经历、知识形成的。在任何系统中，存量都是非常巨大的，因此，系统才更具稳定性。我们无论怎样努力地增加流入量，即学习新知识、新方法，都不可能快速地改变存量。

从这个角度看，我们要对自己的成长保持耐心，要允许自己并不能每一次都稳妥地处理孩子的情绪问题，要允许自己偶尔情绪失控……

好父母都是长期主义者。因为我们知道育儿这条路并不平坦、并不容易，但只要我们走在正确的修行道路上，借着"时间复利"的力量，我们终究可以成为自己想要的样子。

（4）走出去，让自己被好好倾听

当我们深感挫败时，我们还可以利用一个自我救赎、自我减压的好办法，那就是勇敢地走出去，让别人倾听我们、了解我们。

不过，让成年人敞开心扉去倾诉并不容易。因为我们都曾被一些失败

---

① ［美］德内拉·梅多斯.系统之美［M］.邱昭良，译.杭州：浙江人民出版社，2012.

的倾诉经历伤透了心：每次我们需要安慰时，可能听到的是各种不切实际的建议，或者只是站在道德制高点的评判，抑或因为朋友太为我们"打抱不平"而引起我们新一轮的情绪爆发……

于是，我们认为倾诉无效，还不如独自疗伤。可我们内心的孤独、痛苦却如同滚雪球一般越来越重，压得我们越来越喘不过气。总有一天，它们还是会伺机寻找出口倾泻而出。而孩子作为我们身边最弱小的个体，就常常成为我们负面情绪的承接口。无论是为了孩子，还是为了我们自己，我们都需要定期清空内心的负面情绪。可现实中好的倾听者又太难寻，这该怎么办呢？

《游戏力》作者科恩博士建议，妈妈们可以找一位能够尊重我们、对我们的话题感兴趣，同时不会教导我们要如何做的人建立固定的倾听伙伴关系。

倾听的原则是这样的。

a. 用计时器计时，设置同等时长的时间轮流倾听

这样做能避免我们因诉说太多而产生内疚感。同时，我们也不必担心自己传递给对方太多的负能量，因为我们在被支持的同时，也支持了对方。

b. 说者自由表达，不必考虑对错与逻辑

这样自由的表达，会让我们潜意识中很多的想法、信念不自觉地展现出来。有时，当我自然地说出一些想法时，我自己都会吓一大跳，因为这些是我之前从没有意识到的。同时，自由、充分地表达还能调动我们自身的智慧来分析、解决问题。

c. 听者全身心倾听，要做到：不打断、不评价、不建议

听者要做的只是认真地听，偶尔用"嗯""啊"等语气词帮助衔接对方的表达。同时，听者可以尽量身体前倾，用身体姿势、面部表情表达对对方话题的兴趣。

d. 结束倾听后相互表示感谢

结束倾听后，我们无须评价对方或给出建议，简单地表示感谢就好了。

这些原则听起来似乎有些奇怪，完全不同于我们日常的沟通方式。可真正实践起来，我却发现这是最高效的沟通方式。

我有一个固定的倾听伙伴，我们一直保持着一周一次的倾听。起初我们也觉得很不适应：一个人要滔滔不绝地讲完 30 分钟，真是个巨大的挑战；要克制住想说话的冲动，只是倾听，真的好难！

可渐渐地，我们发现，在不被打扰的诉说过程中，我们自己就能理清问题。没错，父母绝对是自家孩子的育儿专家。我们内心如同一座宝藏，情绪消散后，我们自然知道如何处理育儿问题。

而当我们确认了自己只需要听、不必说时，那种对对方全神贯注的关注就能显现。甚至好几次，对方说到难过之事时，我也忍不住想哭出来。

大多数倾听过程只要一小时。因为被允许诉说，被真诚地听见了、看到了，所以我们的内心就会阴霾散尽、阳光明媚。

（5）偶尔来点"阿 Q 精神"

当我们深陷挫败、无法自拔的时候，来点"阿 Q 精神"也不错！

不得不说，现在当妈的当得实在是太认真、太小心翼翼了！如果孩子有什么坏习惯，我们就会先反思是不是自己做得不够好，更别说吼了孩子、打了孩子了，我们足足能后悔好几天！

说实话，我也打过心心。

那段时间，心心在练习不穿尿不湿睡觉。她时不时就会尿床，大半夜叫醒我给她换衣服、换床单。对我来说，睡觉时被人叫醒是件特别痛苦的事。常常起来这么折腾一通，心心睡了，我却整晚整晚地失眠。

这样的日子持续一段时间后，一天晚上，心心又尿床了。我照例起来给她收拾了一遍。可还没睡几小时，她又将我叫醒，告诉我她又尿床了。

同样的事情一晚上连续发生两次，完全超出了我所能承受的极限。我当场情绪就失控了，对着心心的屁股打了一巴掌。

打完之后，我更睡不着了。自责、挫败、无助淹没了我。一直失眠到天都蒙蒙亮了，我才渐渐能站在自己的角度看这个问题，对自己多一些理解与包容：我尚在哺乳期，小宝每晚都要喝奶，我本来睡眠质量就不高，再遇上大宝时不时尿床，我要起来收拾，情绪失控也是正常的。我实在是太累了，不是吗？

想到这儿，我才轻松了很多。

英国精神分析学家约翰·鲍尔比说过，打不打孩子其实并不是关键，如果与孩子有稳定、可预期的安全依恋关系，极其偶尔的吼叫打骂并不会带来太大的伤害。

我觉得没错。毕竟做父母难免会有失误的时候，只要育儿大方向没错，那就没问题！当然，我并不是鼓励暴力，我只是想表达，我们偶尔情绪失控时，别太责怪自己。要知道，情绪存在的意义，就是让我们更有动力去采取有效的行动。如果我们的情绪失控带来的是我们与孩子间的联结断裂，那就主动去恢复联结。我们会犯错，但我们也永远有机会去修正。

当妈后，我们一定会有或强或弱的挫败感。这时，我们要学会积极地进行自我拯救、自我调节、自我肯定。只有我们自己感觉好了，我们才会对养育这件事有信心；和孩子在一起时，心态才能更轻松、平和。更重要的是，当我们不再苛责自己时，我们也能更宽容地接纳孩子！

第五节

如果我不完美，我的孩子就不会完美

很多人都有类似的信念："如果不优秀，就不配活""如果不足够好，就不会被爱"……

等我们当了妈，自然而然地，这些信念就会衍生为："如果我不完美，我的孩子就不会完美。"于是，在当妈这条路上，我们严于律己，希望自己的每一个动作、每一句话都无懈可击。

可早在近 100 年前，客体关系心理学家温尼科特就提出了"足够好的妈妈"（Good Enough Mother）这个概念。

他认为，在"坏妈妈"与"完美妈妈"之间，存在着一个中间状态——"足够好的妈妈"，这样的妈妈既能提供给孩子爱与安全感，又能恰到好处地留给孩子空间与自由，让孩子的心灵与人格得以健康发展。

失掉 40 分，才算一个足够好的妈妈

足够好的妈妈也称为"60 分妈妈"。为什么要失掉 40 分，才能算一个足够好的妈妈呢？有以下两点原因。

（1）追求完美的妈妈会对孩子过于苛责

想一想你身边那些有完美主义倾向的人吧，他们不光对自己苛刻，对亲密关系中的对象多半也非常苛刻，甚至容不下社会与生活中的不完美。

追求完美的妈妈也一样。她无法接受自己付出了十分的努力，收获的却是一个有缺点的孩子。

孩子可能专注力不强，或者见人不会主动打招呼，或者产生负面情绪时不能自已……其实这就是一个孩子的真实模样。可追求完美的妈妈很难接受这些瑕疵，她要么会自我攻击——孩子的不完美，代表我的不完美，是我做得还不够，于是强迫自己再好一点、再好一点；要么会转向攻击孩子——我已经做得足够好了，如果还有问题，那就是你的不对了。

在前一种情况下，这样的妈妈往往压力过大，无法放松地与孩子相处；而在后一种情况下，孩子接收更多的是"我不够好""是我的不对"等负面信息。这种紧张与怀疑会内化成孩子的负担，阻碍孩子健康成长。

（2）失掉的这40分，是留给孩子探索自由与独立的生命空间

举个简单的例子，当几个小孩围着你的孩子嘲笑他的走路方式很滑稽时，如果你在第一时间就过去替孩子解围，你就是完美妈妈。

在孩子感到生气，并开始反抗，警告别人不许这样对待他，却又无力阻止别人继续嘲笑时，如果你走过去抱住孩子，安抚他、体谅他，事后与他一起想办法，你就是足够好的妈妈。

当然，当孩子伤心无比时，如果你依旧无动于衷，甚至还送上一句："为什么别人只笑你，那就是你走路有问题啊！"那么你就是坏妈妈。

完美的妈妈会让孩子有很深的无能感。孩子还没来得及感受伤心、愤怒的滋味，还没来得及细想办法自己走出困境，妈妈就轻而易举搞定了一切。"我真的好没用，我不能没有妈妈。"孩子想，他陷入了深深的自我怀疑。

有时候想想，我们这时候真的是在帮孩子吗？还是在满足自己当个好妈妈的需求呢？

在完美妈妈光环的笼罩下，孩子不仅没机会尝试解决自己的问题，也没机会展露对你的爱。

我特别喜欢陪心心玩游戏，可有时候太累了，实在不想陪她玩，我就如实告诉心心，并请求她帮我按按摩。她的确按得很舒服。在我表达我喜欢她帮我按摩之后，她非常有成就感，并时不时主动提出要给我按摩。

在媛媛因为闹觉哭得停不下来时，在我早晨还没睁开惺忪睡眼时，总会有一个稚嫩的声音响起："妈妈，来，按摩！"

"不行，现在还不行……"我忍不住推却。

"那再给你一分钟，马上按摩！"

虽然心心选的按摩时间并不总那么合时宜，但我能看出孩子对我的爱——"你说你喜欢，那我就不断做。"她乐意付出，因为这会让她感受到自己的价值。

良好的亲子关系就是如此吧！身在其中的彼此都能感受到自己在这段关系中是有给予，也有获得的。这样良性的互动，才能让亲子关系更健康、更长久。而追求完美的父母却总热衷于代替孩子解决问题，剥夺孩子体验价值感与成就感的机会。

你的"不够好"恰处于正常值水平

追求完美的我们都爱给自己找个榜样作为参照，以此激励自己，进而更有效地的"强迫"自己。

可如今，育儿专家都走下神坛了！

我最爱的一本书——《游戏力》作者科恩博士在书中写道，有时陪孩子玩游戏真的是很煎熬，他甚至愿意被安排做任何一件事，也不要坐在垫子上陪玩。

这句话让我印象深刻，知道连科恩博士的状态也不太稳定后，我的自责就少了很多。

最近火遍美国的育儿导师吉尔·斯默克勒的育儿观特有意思，她在《我不是完美妈妈》[①]一书中写下了这段话。

我鼓励孩子咬指头，这样我就省得给他们剪指甲了。

我装作拉肚子，把自己锁在洗手间，其实我是躲在里面看杂志、玩手机。老公在外面一直催，让我赶快跟他去医院肠胃科看看。

有时候，我真想得场大病，这样就有理由六点钟上床睡觉了。

每个周四的晚上，我就跟女性朋友们出去聚一次。我发誓，这是唯一能让我在接下来的一周都保持理性的事情。

---

① ［美］吉尔·斯默克勒.我不是完美妈妈［M］.靳振勇，译.北京：中信出版社，2014.

哈哈，读到这儿，我不禁感叹：真是"同一个世界，同一种妈"呀！

要知道每次发现女儿的小指甲没及时被剪时，我就会自我攻击——书上都说了，孩子就像花草，有没有被悉心照料，一眼就能看出来……然后我会自责、愧疚。

看完这些育儿专家祖露的真实状态，我才明白，自己的"不够好"其实恰恰处于正常值水平。

帮助自己破除"完美主义"的执念

（1）不要求别人完美，是放过自己的第一步

有位朋友对我说，她最近在上冥想课程，在做其中一段冥想时，她做着做着就崩溃大哭。那段冥想的引导语大致是这样的：

首先想象一个胎儿被温暖的羊水包围着，她特别满足、安定。

突然有一天，"房子"剧烈地震动，接下来，她顺着一个长长的"管道"努力地往外钻。

一道强光出现，她第一次感受到了呼与吸，第一次触碰到一双温暖的手，第一次被厚实的臂膀所包裹。

慢慢地，她看见有人对她笑，有人喂她香甜的乳汁，那是她的爸爸和妈妈。

继续想象，她第一次被搀扶着迈步。

她与小伙伴第一次争抢东西，她第一次上幼儿园，离开爸妈一整天。

……

她长大了，遇到一个爱她的人，结婚了。

他们有了孩子，而那个人就是你。

冥想进行到这儿，朋友错愕不已。她一直模模糊糊地以为这个"她"就是自己或自己的孩子，没想到，这里的"她"说的是妈妈。

引导语继续响起：

这是她第一次当妈妈，她很兴奋，也有点紧张。

她小心地给你喂米粥。你每吃一口，她都觉得非常满足。

……

你第一次上幼儿园，那一天对她来说是那么煎熬，她总担心你过得好不好。

……

听着听着，朋友泪流满面。她说，这是她第一次站在自己妈妈的角度去回忆与思考。之前，她对妈妈有诸多挑剔，母女俩的关系一度很紧张。她会在心里埋怨妈妈："你也是当妈的，怎么可以这样？"

而这一次，她才发现，妈妈其实只是个普通人。她和我们一样，从婴儿长成幼儿，从小女孩跌跌撞撞成长为少女，然后成年，当了妈妈。这是她第一次当妈，会犯错，但她对我们的爱是真切的。

这段冥想结束之后，她整个人都豁然开朗了许多。当她不再苛责妈妈，而且给自己松绑了，她会时不时地对自己说："当妈又怎么了，我也是个普通人。"

我们与孩子相遇，并且一起成长，一起修行。我们变得更好的过程，就是在向孩子展现生命的活力与力量！

（2）认清教育中的不确定性

我们之所以想成为"完美"的父母，是因为我们想让教育的结果有更多的确定性。好父母通常会养出好小孩，这点没错，但并不是绝对的。

我们不能忽视——孩子作为一个独立的个体，是有自由意志的。认识到这一点，我们就不难理解为什么有的父母特别拼搏，工作兢兢业业，孩子却玩世不恭；有的父母一生碌碌无为，价值观都有问题，孩子却特别优秀。

无论我们多完美，都不能百分之百地为孩子的一生保驾护航。因为我们终究是各自独立的两代人，各自背负着自己的人生议题。

在上美国游戏治疗 CPRT 课程时，有一位同学问老师："一个上初中的孩子突然不肯学习了，家长很着急。无论家长采取什么方法，孩子都不学，家长完全束手无策。对此，有没有别的办法？"

那位老师是亲子教育方面的专家。她并没能给出一个逆转全局的办法。

她只是说："孩子是有自我意志的，我们没法强迫他。如果父母告诉了孩子一些更好的做法，但孩子不听，那就意味着他选择了用一种更难的方式去明白这些道理。这并不是我们的失败，而是孩子的选择。"

"这并不是我们的失败，而是孩子的选择。"我相信对大多数追求完美的父母来说，这句话是有疗愈作用的。当我们知道自己并不是无所不能的，我们就能放下对自己严苛的要求，从为人父母的压力中解脱。

（3）成为自己的朋友，而非"资本家"

如果仔细观察我们对自己的严苛程度，我们就会发现，我们才是自己最大的"资本家"。

我们剥削自己的时间，总希望将它们多分一些给伴侣、给孩子；我们压榨自己的精力，不管多累，都强迫自己精神饱满地面对孩子；我们不理会自己的情绪，总是将它们丢在一边漠不关心。

在参加了美国丽兹博士的正念工作坊之后，我才真正学会"自我慈悲"的方法。我每天会给自己一段安静的时间，闭上眼睛，进行一段冥想。

首先，觉察自己内心的烦恼。

比如，我意识到我的内心在责备自己："最近工作太忙，陪孩子的时间太少。我在想，我不是一个好妈妈。在孩子渴望我陪伴的时候，我却不在她的身边，将来我一定会后悔的。"我想象自己站在高处，审视着头脑中的这些烦恼。

其次，善待自己，像好朋友般安抚自己。

我会想：如果我将这些责备自己的话语说给好朋友听，她会如何安抚我呢？她大概会说："没关系，你只是这几天有些忙而已。每天晚上回到家，你还是好好陪孩子玩了呀。而且，周末马上就到了，你可以全天陪伴她们！你是个好妈妈，别怀疑自己！"我尝试将朋友可能安抚我的话一遍遍地说给自己听，用这样的方式宽容、善待自己。

最后，想一想共有的人性，也就是问一问自己：我是唯一一个有这种烦恼的人吗？

回到我的烦恼上，也就是我要问一问自己：我是不是唯一一个因为陪伴孩子时间少而自责、愧疚的妈妈呢？答案一定是否定的。由此可见，我并不孤单，很多人都和我一样有类似的烦恼。

这样冥想之后，我整个人便舒服多了。最后，我还会以丽兹博士教给我们的"自我慈悲引导语"作为整段冥想的结束语。

"愿我平安，愿我平和，愿我对自己友善，愿我接纳自己，如我所是。"

每次这样冥想之后，我总能回归到平静又满足的状态中。我不再处处追求完美，而是能像朋友一般与自己好好相处。当我们能这样善待自己时，我们自然也能善待他人，让人际关系更轻松自在！

第六节
学会爱自己真不是一件容易的事

一位妈妈向我说起自己的情况。

　　她的妈妈去世得早。她的爸爸虽然爱她，但因工作繁忙，基本上只能保证她吃饱穿暖。十几岁时，她第一次来例假，被吓得以为自己身体不正常，却找不到人倾诉。她的老公是经人介绍与她认识的，性格暴躁，常冲她发脾气，还不时辱骂她。

　　现在的她很想教育好孩子，但总觉得和孩子距离很远，关系不够亲密。

　　说到最后，她突然问我："你说，我应该怎样爱自己、爱孩子呢？"

我感觉她抛出了一个终极问题。而且她清晰地知道，从小缺爱、缺乏安全感的她，必须先"安置"好自己，才能让孩子感受到爱与安全。而这，正是孩子健康成长的"土壤"。

对于她的问题，我想了好几天，一直不知道应该怎样回答。后来我才发现，那是因为如何爱自己这个问题的答案并不在我这里，而在每个人自己心里。

现在的我们都知道好好爱自己有多么重要。当我们给够了自己爱，便无须伸手"讨"爱，我们会鲜有牺牲感、付出感，对别人的期待也没那么高。期待少了，失望自然也少，自己开心了不说，整个人际关系都能变得健康。

可学会爱自己还真不是一件容易的事，因为大多数人都没有被好好爱过。

于是各类广告宣传伺机而入，妄想主导我们的信念。广告里说，爱自己就是舍得给自己买最好的护肤品；人之所以会不开心，那是因为包还不够多；买某种色号的口红，会让我们做回元气满满的少女；办张美发年卡是送给自己最好的情人节礼物……

我居然信了！我认为疯狂购物就是爱自己最好的方式！可买到最后，我连送到家的快递都懒得拆了。家被塞得满满当当，到处是没用完的护肤品、各式各样的新款衣物。得到短暂的物欲满足之后，凌乱的家让我再次烦心不已。

后来，我从近藤麻理惠那里了解到，断舍离，营造好的家居环境才是爱自己……

兜兜转转一大圈，我才明白：爱自己，向外是求不得的，持续向内看才是王道。

爱自己
是了解自己之后的投己所好

有句古老的谚语说，世界上没有两片完全相同的雪花。人也一样，每个人都是独一无二的。也就是说，每个人需要的爱都是不一样的，所以，我们自然不能生搬硬套爱自己的方式。

对一些人来说，满足口腹之欲便是爱自己；对一些人来说，享受在健身房挥汗如雨之后的轻松感便是爱自己；对另一些人来说，经过跋山涉水见到最美风景的那一刻，幸福值达到了巅峰，这便是爱自己。

那么，你爱自己的方式是什么呢?

探索自己并不容易，很多人都弄不清自己想要的是什么。那么最简单的方法，就是跟随自己的感觉。

> 我尝试过很多事，疯狂购物只是其中一件。我学过画画，想着用水彩浸润出一幅美丽的画作应该是最美妙的事；我学过插花，以为用心搭配出一束娇艳欲滴的鲜花会很满足……
>
> 但后来我发现，在做这些事时，有的人沉浸其中，非常享受，但我并没有。偶然的一次，我播放着音乐，在电脑前抄录书中金句，我感觉自己好像一个在海边拾贝的小女孩，在将"这些宝贝"放入"篮中"的那一刻，感到无比满足。我好似进入了"心流"的境界，专注、忘我、兴奋又充实。
>
> 之后，在读书、写作、摄影这些事上，我几乎都能找到这种熟悉的美妙感觉。

当我们爱一个人的时候，我们会观察他们喜欢怎样被爱；那么爱自己也是如此，那就是用心发现，投"己"所好，然后反复做让自己愉悦的事。

如果疯狂工作的成就感能让你满足，那就努力工作吧；如果散漫生活的休闲感能让你开心，那就好好享受轻松的生活吧。别怀疑，那就是你需要的爱自己的方式，它不分优劣，也无关对错。

爱自己，
心安理得地满足自己的需求

有时候，我们并不是不知道自己想要的是什么，而是不敢大大方方地满足自己。

这或许和我们成长过程中接收到的观念有关。这些观念让我们隐隐觉得，关注别人、满足别人是对的、好的，而对自己好、为自己着想是自私的、不应该的。当妈后更是如此。我们要关注家人，陪伴孩子。我们被期望满足每一个人的需求。然而如果一味地给出爱，而不及时补充，当爱被透支之后，我们就算还能勉强给出，爱的品质也是不高的。

爱自己是基础，我们给不了别人自己都没有的东西。

在小宝媛媛出生后，我又回到了心心出生后不久我的那种生活方式——没日没夜、近乎无我地照顾着这个小生命。直到六个月以后，媛媛的生活作息开始变得规律，我才开始准备找回自己。

这时候，我特别想每天有三小时的自由时间。这样，我就可以继续看书、写公众号。外出"工作"三小时就回来，这样的时间安排正好可以满足媛媛喝奶的需求。

可知道了自己想要什么之后，我却不敢表达。每次下定决心要向公公开口时，我就异常紧张。就这么拖了好多天，这都快成我的"心病"了。直到一天晚上做梦，我在梦中非常清晰地对公公表达了我的诉求，我这才意识到，不能再这样继续"折磨"自己了。

第二天中午，我装作若无其事，但其实是鼓足了勇气说出了这个诉求。没想到，公公很爽快地答应了，还对我说，如果哪天他有事情不能带媛媛，会提前一天告诉我，让我好安排。

我不能更开心了。每天，我都能拥有三小时的时间好好安放自己，做自己喜欢的事。

但很快我又发现，一旦不小心超了时，我就会心跳加速，担心自己会被认为是"不懂事的""只顾自己的"。

公公似乎看出了我的想法，对我说，不用完全按三小时来算，多一点时间，少一点时间都无所谓。

之后，我一直在想：心安理得地满足自己，为什么于我来说这么难？我联想起一件关于外婆的小事。

每次一大家子聚餐的时候，外婆都会早早吃好，坐在沙发前追电视剧。这时，如果我坐到她身边，她立马就会给我递来遥控器，对我说："你喜欢看什么？换你爱看的台！"

"我看这个就行。"我答道，我知道电视里正在播放的可是外婆每晚都会追的电视剧。

"不不不，快换吧，换你喜欢的。"外婆催促我。

这件小事令我印象深刻。事虽小，但几乎能代表我外婆、我妈妈这几代人的信念，那就是"我的感受不重要，你们开心就好"。在这样的氛围中长大的我，逐渐也对满足自己的需求很忐忑，总认为这是不应该的表现。

如今，每一次满足自己的需求时，我都会小声告诉自己："没关系，你可以这样爱自己！""你要相信，别人是乐于满足你的需求的！"

爱自己
是看到不足后对自己的悦纳

如果你有爱一个人的经验，你就会知道，真正爱一个人是"如其所是"的。电影《老友记》中有个片段让我一直印象深刻。

> 罗斯一直暗恋瑞秋。但当瑞秋开始意识到她对罗斯也有爱时，罗斯身边已经有女朋友——茉莉了。
>
> 正当罗斯徘徊于这两个女孩之间时，好友钱德勒出了个馊主意，让罗斯用列清单的办法列出她俩的优缺点。罗斯写出了茉莉很多的优点：举止得体、工作体面……而瑞秋呢，她的缺点似乎很多：有点大小姐脾气、太爱漂亮、是个服务生，等等。
>
> 可当钱德勒问茉莉有什么缺点时，罗斯怅然若失，只说了一句——"她不是瑞秋。"

是的，爱一个人，并不是因为她有多优秀，而是因为她就是她！

这个道理似乎不难明白。但到了爱自己这儿，我们就没这么"宽容"了。我们常常苛求自己还要更优秀一点；我们厌弃自己的某些缺点，常常感到挫败不已。

可这个世界上并没有完美的人，我们也无须完美。我们不妨用温和的语气对自己说："是的，我就是一个有些丢三落四 / 爱吃不爱动 / 常常爱偷懒……的人，可我觉得自己还不赖！"

悦纳自己并对自己多一些慈悲并不容易，这需要我们多多练习，常常对自己进行积极的心理暗示。如果在成长的路上，我们没能遇到"看见"、肯定我们的父母，那就学会做自己的好"父母"吧！

写到这儿，我突然感到一丝悲伤。爱自己这么一件理所当然的事，我们居然要从"爱别人"这件事中学习。我们总是关注别人太多，而关注自己太少。

从今天起，多拿出一些精力爱自己吧！当我们足够爱自己，我们便不会再对别人有那么多"应该"的期待；当我们足够爱自己，我们会发现这个世界如此简单、美好，因为我们想要的，自己就能给自己！

第六章

家庭和谐，孩子安心

——让我们一起看清家庭矛盾的本质

养育孩子从来不是一个人的事。我们需要和爸爸配合，还要与长辈相处。养育环境的和谐与否，同样影响着孩子安全感的建立。接下来，让我们一起看清家庭矛盾的本质，通过一些方法和技巧与家人处好关系。

我们都想改变对方，却不知每个人都是固执的。

第一节
用好"隐形的爸爸"，让孩子更有安全感

在我们的社会中，许多人认为孩子带得好不好，主要责任在于妈妈。可事实果真如此吗？

1978 年，美国心理学家、依恋领域的先驱人物安斯沃斯对几百名婴儿进行了陌生情境测试。在测试中，她观察了婴儿在父母在场、父母离开以及父母返回时会做出什么样的反应。根据观察的结果，安斯沃斯将婴儿的依恋类型分成了两种：一种是安全型依恋，另一种是不安全型依恋。

之后，在 1981 年，梅因和韦斯顿对这一领域的研究又进行了拓展。他们观察了 60 名婴儿和父母中的一方的互动，六个月后，又观察了婴儿与父母中的另一方的互动。由此他们发现，孩子对父亲和母亲的依恋模式之间并不存在相关性。也就是说，有的婴儿对母亲有安全型依恋，但对父亲并没有；有的婴儿对父母双方都有安全型依恋。

在接触陌生人和应对新任务时，对父母双方都有安全型依恋的孩子是最有自信和最能干的；对父母双方都没有安全型依恋的孩子表现得最差；仅对父母中的一方有安全型依恋的孩子的表现中等。

同时，有证据表明，孩子对母亲的依恋模式是母亲对待孩子的方

式的产物；同理，孩子对父亲的依恋模式也是父亲对待孩子的方式的产物。

由此可见，爸爸们平日里如何参与育儿，怎样与孩子互动，在培养孩子的安全感、发展孩子适应外部世界的能力上有重要的作用。

可现实却是，许多家庭都面临着爸爸这个角色在育儿中的缺位。网络热词"丧偶式育儿"说的就是这种家庭状况。

一方面，造成这种现状确实有一定的现实因素：在现代社会中，人们生活压力大，竞争激烈，爸爸们忙着在职场中拼搏，能陪伴家人与孩子的时间相对较少。另一方面，社会的刻板印象也助推了夫妻间不同的分工侧重现象，很多妈妈自觉地扛起了育儿重任，做起了贤内助。

久而久之，爸爸就成了"工作机器""家庭的提款机"，不仅不能对孩子的成长产生积极的影响，而且似乎被整个家庭生活排除在外了。可是，缺少与家人亲密的情感联结，对爸爸来说何尝不是一件遗憾的事？

看到了这一点，我们就要有意识地用好"隐形爸爸"，就算他们平日工作繁忙，我们也要像"黏合剂"一般，促进他与家庭、与孩子的联结。具体来说，我们可以怎样做呢？

与爸爸一起，共创家庭文化

在育儿这件事上，爸爸难以像妈妈一样在细枝末节处关注、教育孩子。但在宏观层面、大方向的把控上，我们可以多与爸爸沟通、讨论一些问题。比如，我们希望孩子将来成为一个什么样的人？我们认为什么样的教育才算成功？我们最想向孩子传递的核心价值观是什么？

我们别认为这些问题是空洞、无意义的。实际上，当我们不断地思考、探索这些问题的答案时，我们与另一半在教育观念上的一致性就会更高，家庭文化也会就此形成。

就拿我们家来说吧！我和孩子爸爸认为，对孩子来说，最重要的是心理健康、身体健康、有好奇心、拥有积极的爱好，等等。我们最想传递给她们的价值观是：努力、善良、利他。

当我们在宏观层面达成一致的时候，就能"以终为始"，更有目标感地培养孩子。同时，我们也要努力践行自己所宣扬的价值观。从这个角度来说，爸爸就可以作为"家庭文化"的化身，从一个更高的精神层面影响孩子。

当爸爸因为加班到很晚都没回家时，如果孩子问起，我就会告诉她，爸爸正在努力工作，顺便和孩子聊一聊，爸爸最大的事业梦想是想通过他的工作帮助更多的人。同时，爸爸在带娃的时候，也会不自觉地践行这些价值观。以"利他"这一点来说吧，爸爸在和孩子走在路上时，会时不时捡起地上的垃圾并扔进垃圾桶；去楼下玩时，两人会一起合作将雨后小区里脏脏的滑梯擦干净。

所以，就算爸爸陪伴孩子的时间不多，在孩子心里，爸爸的形象还是很伟岸、很高大的。

舍得放手，让爸爸安排与孩子的联结时光

在一次工作坊活动中，我们小组内的一位组员与我们分享说，

当妈八年，这是她第一次周末出来参加全天的活动。除此之外，在这八年里，她离开儿子最长的一次也就几小时。儿子是她一手带大的，她不放心把孩子交给任何人，生怕孩子没被照顾好、没吃好、没玩好……

这位朋友也许在育儿方面有些过于紧张，但我想大部分的妈妈都有过这样的不放心的时候。我也一样。记得要去医院生产媛媛的那几天，我心里特别挂念心心，恨不得事无巨细地给心心爸安排好每天应该带心心做什么、玩什么才好。其实，妈妈的偶尔退出，反而能促进孩子与爸爸的情感联结。

平时，我们还可以请爸爸们想一想，他希望怎样与孩子建立联结、在什么时候陪伴孩子。这样的思考能帮助他们在育儿上变得更主动。

同时，我们最好不要干涉爸爸与孩子之间独特的相处方式。

在我们家，虽然我整天研究怎么陪孩子玩、怎样育儿，心心爸却是一点儿都没得到我的"真传"，依然我行我素。

就拿打闹游戏来说吧，心心爸不太能接受玩得太激烈的游戏；在游戏中，他也不喜欢跟随孩子，而是不断地引导孩子。有那么几次，我想直接告诉他我认为的"正确"做法。但后来我发现，心心很快就接受了爸爸的方式，他们在一起也玩得很开心。

当妈妈放下"如何做会更好"的执念，将发挥的空间留给爸爸时，爸爸会更享受与孩子在一起的时光。

多进行"信息通报"，必要时"轻推"爸爸

这一部分大概是我每日必做的功课了。不管心心爸出差还是回家比较晚，我都会事无巨细地向他汇报两个孩子当天发生的一些事——他们有哪些可喜的成长，有什么烦心事，跟我说了什么话，等等。

长久下来，心心爸也养成了习惯，与我见面时，总会主动问我今天孩子们怎么样。这样的交流能让爸爸更了解孩子，更好地参与到孩子的成长中来。

有时，心心爸回到家后会自然地来个"葛优躺"，不愿陪孩子，我就会轻推他，并给他提供一些简单易行的陪娃建议，主要有两种。

其一，给孩子读绘本。一方面，爸爸在亲子共读时不容易三心二意；另一方面，绘本本身是一种媒介，能给孩子和爸爸提供一些交流的话题。

其二，玩打闹游戏。我推荐大家读一读科恩博士所著的《亲子打闹游戏的艺术》[①]一书，里面分享了非常多打闹游戏，而这些正是爸爸们最擅长的！玩游戏的目标很简单，就是让孩子笑出声来。每次我都会给他们定个20分钟的闹钟。本不愿陪玩的心心爸，一听只要20分钟就欣然同意了。这么玩过几次后，心心也就记住了，爸爸一回家，她便缠着爸爸玩游戏，爸爸再也不是"隐形人"了。

[①]［美］安东尼·迪本德，劳伦斯·科恩. 亲子打闹游戏的艺术［M］. 伍娜，译. 北京：中信出版社，2018.

克服自己的心理障碍

洋洋洒洒写了这么多，好像都在说我做得好的地方。其实，在让爸爸参与育儿这件事上，我也有自己的心理障碍。

在我的成长历程中，我爸这个角色几乎是缺位的状态。我和我爸交流得非常少。在我妈来我家帮忙带孩子时，我才发现，她的行为之下有一个根深蒂固的观念——带孩子是件既辛苦又麻烦的事，没人喜欢。所以，在我小时候，对于带娃这件事，她能自己做就自己做，从不让我爸操心。有时在家中，我会让心心爸带会儿孩子，这时，我妈会不自觉地想上前抱走孩子，好让女婿休息。

这让我从潜意识里认同了一个观念：不让爸爸带孩子，是对他好的一种方式。直到我觉察到这一点，我才有意识地和这个观念保持距离。虽然在行动上，我也会像我妈一样忍不住想担起所有的养育重任，但我还是会理智地告诉自己：用好"隐形的爸爸"，让爸爸在这个家中有他的位置，让爸爸与孩子有更多的联结，也许当下他会累，但这最终会不负时光、不负爱！

第二节
与老人合作带娃，是你的选择

当妈不易，工作、生活我们往往两手都要抓，还两手都要硬。在这背后，我们自然少不了老人或阿姨的帮衬。然而，与"养育合伙人"处好关系这件事并不容易。

我常听年轻的妈妈抱怨与老人养育理念间的冲突："孩子外公总爱给孩子贴各种负面标签，我们告诉他这样不好也没用""奶奶爱追着孩子喂饭，不吃就哄着，现在孩子吃饭就跟吃药一样难""我们说了吃零食不好，老人却为了哄孩子开心总买小食品"……

我们往往在抱怨完后又觉得特别无力：没办法，老人太固执了，可没老人帮忙又根本不行。

这样的抱怨多了，我们就很容易给自己这样的暗示——"我的生活充满了不如意的事情，但是没办法，这一切都是'不得不'的结果。"

我也曾这样抱怨了很长一段时间。

在小女儿媛媛出生后，我与公婆住到了一起。我们因为各种生活细节摩擦不断：我认为喂媛媛吃米粉会让她获得更全面的营养，奶奶却觉得喂米粉是大人图省事、不负责的表现，还是粥的营养更好；我习惯给孩子穿尿不湿，可老人觉得穿尿不湿会让孩子不舒服，我们还

是应该定时把尿……

诸如此类，虽都是小事，但日日上演同样的矛盾，时间久了，我便觉得被束缚住了。

我开始寻思着要不然就自己带吧！我给自己鼓气，坚持两年多也就出头了。虽然每天早晚我一个人带两个孩子会很辛苦，但白天只要带媛媛一个也可以接受。

不过很快，我就回想起独自带心心的那一年多里，我几乎没有任何用于个人活动的时间。我每天都围着心心转。虽然那时候家里还请了阿姨帮忙半天，但还有一顿饭需要我自己做。我做饭时，就只能安排心心去看电视，以免她不小心磕到撞到。直到晚上心心睡了，我才有时间休息休息。那段时间，我没能为自己做任何事。

想罢，我闭上眼，直摇头，真的不想再重复那样的生活了！

我又转念一想，那不如请个住家阿姨好了。阿姨每天用 2 ~ 3 小时的时间帮我看孩子，也能让我松口气。我还真行动了，一连去家政公司面试了好几个育儿嫂。面试时，我问了一个常识性问题：“如果我家孩子出门打了别的小朋友，你会怎样处理？”

第一个阿姨很自信，想都没想就回答我：“我会告诉她，她这样做的话，我就不喜欢她了，我会把她丢那儿不管她！”

第二个阿姨有点不知所措，说话都急了起来：“孩子打人，我能怎么办？我只是个阿姨，又不能打孩子，遇到这样的情况，我只能辞职不干了。”末了，她还联想到可能我家就有个打人的“熊孩子”，于是直接拒绝了我，让我另请高人。

第三个阿姨的回答倒是比较靠谱，但她之前频繁换工作的经历又让我有些不放心。

我得出结论，好阿姨难请，懂育儿又爱孩子的阿姨更是难找。既然这样，没办法，我还是不得不依靠老人。

不过说来好笑，我突然的转念，竟然来自对育儿知识的学习。

那是一次游戏治疗师的线下培训课。我的老师是美国游戏治疗协会的会长 Dee Ray。课堂中，她给我们讲解如何在游戏室中对孩子使用高级设限，以及这种设限方法对孩子的成长有何意义。

高级设限，是在我们给孩子立了规则，但孩子不遵守时使用的。它的基本句式是："你选择了……你就选择了……"

比如，如果我们告诉孩子不能在墙上画画，孩子却不听，我们就可以说："你选择了继续在墙上画画，那你就选择了今天不能再使用画笔在纸上画画。"

又比如，如果孩子睡前一直磨蹭，我们就可以说："你选择了磨磨蹭蹭地做事，那你就选择了今晚没有读绘本的时间了。"

相比于"如果……就……"的句式，这样的设限句式没有威胁的成分，是将责任归还给了孩子——让他知道，他有选择权。他选择了A，就要承担并接受A带来的结果。如果我们经常这么说，就能教会孩子对自己的人生负责。

我不禁想，这个三岁小孩就要学会的道理，其实我们成人很多时候还不能明白。

我们选择了大吃大喝，却不能接受一身赘肉；

我们选择了安逸享乐，却不能接受碌碌无为。

而这些选择与结果之间的冲突，构成了我们绝大多数人的烦恼。

不少人（包括我自己）在人格发展阶段方面大概还处于婴儿的全能自恋阶段：觉得只要哭一嗓子（有需求），全世界的人就都会过来无条件地满足我，这种满足还必须合我心意。

可成人的世界应该是，明白并承担"生活的不完美"。所以绕回去，面对"养育合伙人"，成人姿态应该是：我们选择了与老人一起合作带娃，我们就选择了要承受这些意见不合与偶尔的矛盾；我们选择了有更多的个人自由，那我们就选择了在别人帮忙分担养育责任时，他们有权以他们认为好的方式对待孩子。

我们可以问问自己，能接受这些选择带来的后果吗？如果答案是肯定的，那我们就做出选择，然后勇敢地承担结果。

我发现当我有这样的观念时，我的心态就有了微妙的变化。我开始看到为什么我愿意做出这样的选择。那是因为老人对孩子的爱是无比真挚、深切的，就算偶尔用错了教育方式，有爱在，效果也差不到哪儿去；那是因为有老人在，我每天都能有几小时时间去干自己喜欢的事，并且很安心；那是因为有老人在，孩子还能体验到与不同的人沟通的方式，体会到多样化的爱的表达。

看，多"功利"的选择啊！其实我们的潜意识都"聪明"着呢，以我们现在的生活状态，请阿姨、自己带或是与老人合作带娃，都是权衡利弊之后做出的最优选择。只是我们不知足，总想要一个完美选择，就好像三岁的孩子，什么都想要，什么好处都不肯放弃。

高晓松曾说："我从小就被教育，要有一以贯之的价值观。一个事物摆在眼前，不能只拣出它利好的部分，而不接受它有瑕疵的部分，要选择便要全然接受下来。"

他所表达的也是这个道理。当我们接纳了生活的"好"与"不好"时，我们就能以现状为根基，学会对自我负责；我们就能减少"情绪消耗"，专注给生活点缀更多的美好；我们就能培育感恩的心，因为有选择本身就是一种福气。

第三节

以尊重为前提，轻松化解育儿分歧

在养育孩子的过程中，各种分歧可谓无处不在，让很多父母困扰不已。

的确，就育儿中出现的各种问题，我们每个人都有各自不同的处理方式，这些处理方式与我们的立场、理念、价值观息息相关。因为这些问题关乎孩子的成长，养育中的各方都觉得事关重大，反而比处理其他事更容易起冲突，更迫切地想改变对方，说明自己观点的正确性。

我们知道，大人之间的育儿分歧很容易让孩子钻空子，难以形成好的规矩，于是我们私下商量着，要在孩子面前形成"统一战线"，维护家长权威。然而不得不说，这种理想化的场面并不常有，因为当我们发自内心不认同对方的做法时，我们很难佯装意见统一。

可不，在心心两岁多时，我家就发生了这么一件事儿。

在家玩耍时，心心发现了一个新玩具——宽胶带。她马上有了兴趣，她把胶带用力地扯得很长，听着被扯开的声音，感受着胶带黏黏的感觉，她觉得眼前的东西有趣极了！

"咦？它好像和小贴纸一样呢！那这是不是也可以粘东西呢？"我在一旁饶有兴趣地观察着她，揣测她的心理活动。

她拿着胶带去粘玩具，发现果然可以粘起来！于是，她继续将更多的塑料玩具歪歪扭扭地粘成了一排，忙得不亦乐乎。

这时心心爸从旁边经过，看到这情景，不满地说道："这又不是玩具，扯这么长不是浪费吗？"又指责我："你就应该把胶带收起来，不让她接触到！"

"可是她认为这就是玩具呀！你就让她玩吧，一卷胶带也没多少钱。"我想也没想地反驳。

"不是钱的问题，是不能让孩子糟蹋东西！"他不高兴地说，叹了一口气，随即回到自己的房间。

他有他的考虑，我有我的立场，在这件事上，我们的意见并没有绝对的对与错。经验告诉我，如果因为这件小事发生争吵，非但吵不出双方都满意的结果，还有可能陷入"权力之争"，最终又会落到"谁的教育理念更科学"或"孩子的教育谁说了算"的问题上，而这并非我的初心。

我想了想，还是决定尊重心心爸的意见。

我走到心心跟前，劝她收起胶带，和我一起玩别的。

心心当然不同意，她大哭大闹："妈妈，我要玩，我要玩胶带！"她哭得很凶，似乎知道事情有商量的余地，也许稍加把力，就能改变我的决定。

我采用共情的方式说道："妈妈知道你很想玩胶带，扯开它的声音很特别，它又能粘东西，是不是？"

"是的，宝宝很想玩。"心心哽咽着说道。

我抱着她，感受着她的情绪，并轻声与她沟通："心心，妈妈是同意让你玩胶带的。可是爸爸觉得这不是玩具，你不应该拿它来玩。妈妈也很尊重爸爸的意见，要不你去问问爸爸吧？"

这一句话，把想钻空子的心心引向了如何去解决问题上，也让她明白，家里每个人的意见都很重要、都值得被尊重。

心心拿着胶带，抽泣着找到爸爸，说："爸爸，我想玩！"

心心爸听见了我和心心在外的对话，也许有了被尊重的感觉，态度缓和了不少。我听见他温和地跟孩子说："心心，爸爸觉得这是大人用的工具，当你不能好好利用它的时候，就会造成浪费。我们要学会珍惜东西。"

也不知心心听懂了没，她瘪着嘴说："可是我想玩！"说完就"哇——"地哭了。

两岁半的小孩并没有太多解决问题的办法，她只知道重复表达自己的意愿。心心爸见状，主动和心心商量："要不，我们再玩两圈，然后就收起来，可以吗？"

"行，可以的！"心心立马停止了"号哭"，见好就收，纵使眼泪还挂在脸上。

看到这一幕，我不禁感叹，在尊重的前提下，一些育儿分歧原来可以被轻松化解。

就如阿德勒心理学所说，人与人之间的一切矛盾都起因于对别人的课题妄加干涉或者自己的课题被别人妄加干涉。当遭遇育儿分歧时，我们彼此说服对方的过程就是在干涉别人的课题。我们都想改变对方，却不知每个人都是固执的。

心心想玩胶带，我同意，但爸爸不同意，那么这其中的冲突就是他们之间的课题，我不如把冲突交给他们解决。当我们在一边以不干涉的态度表达着尊重与支持的时候，家人也会与孩子好好商量出他们认同的解决方案。

也许有人要问："如果情况是我不让孩子玩，但家人却不以这样尊重的方式对待我，那该怎么办呢？"其实我们不能指望别人先做出退让或改变，我们能决定的只有自己的言行，当我们总是这样去尊重和理解家人的观点，并且不加评判时，久而久之，相信尝到"甜头"的他们会慢慢看到我们的态度。

当我们常常这样处理分歧时，孩子也能从中看到每个人不同的想法，他也会渐渐习得一些富有创造性的解决分歧的方法。

当然，就这种做法而言，还有一种例外情况。

孩子毕竟年龄小，能力相对有限，如果我们将很大的矛盾议题都交给孩子来处理，那无疑是将这种处理方式当成了帮助我们逃避冲突的工具。

朋友告诉我，孩子奶奶不仅喜欢喂饭，还总担心孩子吃不饱。每次孩子吃完，奶奶都会坚持喂几口，再喂几口。孩子也反抗过，明确地告诉奶奶自己很饱了。但奶奶就是不放心，奶奶告诉孩子，现在他是觉得饱了，但一会儿活动活动之后，他又会觉得饿。孩子拗不过奶奶，只好极不情愿地继续吃。有时因为太勉强自己，孩子都会急得哭出来，这时奶奶才罢休。

朋友在一边看着实在心疼，但又担心自己站出来为孩子说话很有可能没效果，甚至会因此影响她与婆婆之间的关系。于是她一直对这件事视而不见，希望孩子自己能处理好。

可渐渐地，朋友发现，面对奶奶的"强劝"，孩子多半只是被动忍受，甚至将这种"不敢为自己发声"的习惯还带到了与小朋友的人际关系中。她这才意识到，当妈需要勇气，要敢于为孩子"挺身而出"。

她一方面开始与婆婆私下沟通；另一方面，她告诉孩子要相信自己的感觉，并表达了她对孩子的尊重与支持。有了妈妈这样鲜明的立场做后盾，孩子这才有勇气坚持自己。婆婆虽还坚持自己的观点，但多多少少了解了朋友的想法，"强劝"的行为少了很多。

由此可见，虽然我们要将一些分歧交给孩子去处理，但也需要看到孩子的实际能力。解决小分歧能帮助孩子锻炼能力；而在遇到大分歧时，我们就不能拿孩子当挡箭牌，而应主动承担起化解分歧的责任。

当我们这样做时，孩子就能接收并理解家庭环境中的真实信息，会渐渐感到虽然外在世界复杂多变，但遇事时可以去沟通、解决，世界仍是安全的；自己虽然时而无力，但在关键时刻，总能获得妈妈的有效支持与帮助，问题还是在可控范围之内的。有了这样踏实的感觉，孩子就会更有安全感。

第四节
沟通是双方的互动，而非单方面的说服

在心心一岁半之前，我一直独自带娃。之后我们随心心爸工作调动去了别的城市，公婆考虑到我们辛苦，便主动搬来，想帮我们减轻负担。有了老人的帮忙，我的生活状况大为改观。因为有了更多的可支配时间，我得以发展一些兴趣爱好，亲子陪伴的质量也大大提高。

可随之而来的是不可避免的育儿分歧。

和多数年轻的父母一样，在心心能握住勺子的时候，我就开始让她独坐在餐椅上自主进食。我认为这样能促进她的精细动作发展，还能培养她的独立性与自信心。我从不给她喂饭，相信她知道饥与饱，也希望她明白：吃饭是自己的事。

可老人却习惯喂孩子，甚至会在心心玩玩具、看书时哄着她吃。于是，本来可以一家人坐在一起吃饭的局面，却变成了必须出动一个大人先喂孩子，再轮流着吃。

看到这样的情景，我非常沮丧，感觉辛辛苦苦让孩子培养的好习惯很快就被破坏了。有时候我会提醒老人这种做法不好，表达自己的意见，却从不奏效；有时我只能视而不见。这样的负面情绪一再积压，最终爆发了出来。

这天，我又试图让心心坐在餐椅上吃饭，可是"散漫"过的她怎么也不愿意。我语气坚定地告诉心心："如果你下了餐椅，中午你就不能吃饭了，等你愿意坐餐椅时再吃。"心心很有骨气，果真就不吃了。我抱她坐在桌边，不带任何情绪、自顾自地吃饭。奶奶看不下去了，夹着菜试图哄心心吃。

这个举动让我很生气，我感到自己没有被尊重。我横下心决定当下就孩子吃饭这个问题好好与老人沟通一次。

我尽量压下情绪，却还是略显激动。我说得有理有据，从喂饭的坏处到坐餐椅自己吃的种种好处，有条不紊地说着，自我感觉没有遗漏任何要点。谁知我刚说完，婆婆不高兴地发话了："行！以后我们都不管了，你自己弄！"

一句话胜过我的千言万语，把我噎在了现场。

我说错了什么？是道理不够令人信服吗？反思了好几天，我才发现，原来我不是在沟通，而是在说服啊！而且我还是仗着自己看的书多，站在制高点上去说服家人，想让他们承认"我是对的，你们都是错的"。

这样所谓的"沟通"，谁能接受呢？

我想到与孩子沟通时，我们都明白要先进行共情，表达理解，在建立了联结之后，再说出自己的想法，邀请孩子在这样平等的基础上与我们交换意见。

那么与老人沟通何尝不是一样的呢？

我们有没有看到他们为什么会这么想，为什么要这样做？就喂饭这件事，原因其实不难理解。像我公婆、爸妈这一代，都成长于物质比较匮乏的年代，相比于我们在乎的什么自主感、精细动作的培养，他们更看重的是不要浪费粮食。他们见孩子撒的比吃的多，回想起"一粥一饭，当思来之不易"，一定觉得我们年轻人带孩子就是"胡闹"！再说了，他们会觉得，以前也没什么餐椅，谁都喂孩子吃饭，现在我们长大了不也挺好吗？

此外，抛开这件具体的事不谈，我当时那么激动地否定他们的态度，就足以让他们不开心。他们放弃了惬意自由的退休生活，为我们辛苦付出，却没有得到足够的感恩与肯定。

想到这儿，我倍感惭愧，很想主动化解之前的矛盾。

我拿起手机开始编辑短信，打算向公婆解释解释："爸妈，前几天因为心心吃饭的问题，我们发生了一些不愉快的事情。我是一个不善表达的人，总将感恩放在心里，遇到问题时又立马指出，不留余地。你们一定觉得我没心没肺、不知好歹吧？其实我非常感谢你们能来帮我带心心，让我能有时间去跳舞、插花，做自己爱做的事，我也非常开心每天都能吃到健康营养的饭菜。在心心吃饭的问题上，我们的想法不同。我认为她自己吃能让她养成好习惯；而你们担心由她自己吃会让她不懂得珍惜粮食，同时也吃不饱，我能理解你们的担心。我们都是为了孩子好，一定会有解决办法的。"

发完之后，我心里的石头终于落下了。

那天吃晚饭时，婆婆比往常更加热情，她一边给我夹菜，一边主动提起这事，这才进一步表达了她自己的想法："我是觉得孩子开心最重要，如果她不愿意坐餐椅，我们却强迫她，久而久之，她就会把吃饭与不开心联系在一起，这多不好啊！我观察到她现在喜欢坐在大人的椅子上吃饭，大概是觉得自己长大了，也要和我们一样呢。另外，她能自己吃饭当然好，只是我们应该适当地辅助她，确保她吃饱，你说是吧？"

我这么一听，觉得也不是没有道理啊！开开心心地吃饭，谁说不重要呢？难道我认为的就是绝对正确的吗？想到这儿，我释然了。

现在，我们不再为心心吃饭的问题争论了。心心每天会和我们一起坐在餐桌前吃饭。如果吃得实在太少，我们就会喂上两口。不过，和我单独吃饭时，她也会明白我的方式——她会乖乖坐上餐椅，独自吃完。

看到这儿，估计有人要叹息了：这也算沟通成功？我认为算。因为沟通从来就是双方的互动，而不应只有单方面的观点与声音。我们找到双方都能接受的方式，就是双赢了。

这件事让我明白，与家人有育儿分歧时，如果我们就事论事讨论谁的养育方法更好，很容易让双方变得针锋相对。但若我们能站在对方的立场看到对方的想法与需求，表达出这份"看见"，我们就能一起寻求出双方都能接受的解决之道。

说到这儿，我又想起最近发生的一件事。

一天中午，我带心心外出后回到家。婆婆开心地告诉我，上午媛媛有些饿了，她将绿豆糕加了些开水拌成糊糊给她吃，媛媛很爱吃！

听婆婆这么说，我有些不开心，觉得家里有不少可以吃的东西，为什么偏偏要吃绿豆糕，同时，我有点担心桌上的绿豆糕可能过期了。

我一边想着，一边拿起绿豆糕的包装查看。果然，它已过期好几个月了。于是我提醒婆婆："妈，绿豆糕都过期了。以后还是别给媛媛吃了，你可以给媛媛吃……"

还没等我说完，婆婆就生气地打断我："行，以后你的孩子你自己喂，别指望我喂什么给她！"

婆婆突如其来的情绪让我有些措手不及，差点就"传染"给了我。但很快我就看到了她内心的想法与需求——她想得到我的肯定，没想到等来的却是"指责"，这落差让她很不舒服。

于是我立马澄清："妈，我并不是指责您，只是刚刚看到这保质期。以后看到这样过期的食品，您也要注意，别不小心吃了哦！"

婆婆听我这么说，态度没有那么强硬了，她解释道："我没看见过期了，没注意！"还主动提出，"行，以后还是尽量给媛媛喂粥吧。"

我们又接着聊了几句，气氛非常和谐。

"沟通"这个词，从字面上来理解是先有一条沟，经由这条沟，两边的水流实现畅通地流动。这里的大前提是沟两端的水面需要相对平，处于同一个水平面，这样才会有水流交互流动的平衡。

在日常生活中，我们常常误解了沟通，以为"沟通"就是"说服"，当我们专注于自己的道理讲得好不好，如何用更好的话术促使对方信服时，我们就已经和对方不再平等了。这时的"沟通"是居高临下地灌输，因为缺少互动，不仅难以取得好的效果，还会损害关系。

当我们主动看见对方的立场、想法与需求时，我们才算在真正尝试与对方站在平等的高度，邀请他们表达意见，一起讨论更合适的解决办法。这样的沟通因为充满了尊重，常常能产生彼此都想要的结果。

第五节
与老人合作带娃时冲突不断，原因是什么

全职五年，我也算是"大妈之友"了。在小区，我和不少爷爷奶奶都混得很熟，时不时与他们扯扯家长里短。我观察到，比起年轻妈妈的吐槽[①]，老人的诉苦也毫不逊色。说起年轻人"不像话"，他们之间似乎只要给出一个眼神，对方立马就能全懂。

当我偶尔听听他们的抱怨，站在他们的立场看一些事时，我着实觉得老人不易。难怪有人说，"家家有本难念的经""清官难断家务事"。

有老人委屈地说，自己不知道怎么回事儿就"得罪"了媳妇，昨晚媳妇一直板着脸，对谁说话都没好气；也有媳妇不理解，就因为忘记买尿不湿这种小事，平时与她相处得好好的婆婆突然就冲她发脾气，还说家里什么事她都不管！

在冲突中，我们常常觉得对方简直不可理喻，没法和对方好好相处。但其实，冲突的产生过程就好比烧水的过程，如果说冲突显现的时候是水沸腾的瞬间，那么在这之前，一定有大大小小的矛盾、意见相左的事件在持续不断地让"水"升温。在任何让我们意外的行为、不理解的观念背后，都有着深厚的积累。

---

① 吐槽：网络用语，意思是调侃、嘲讽、抱怨等。

当我们透过表面现象往深里探究时，我们会发现冲突的产生主要有以下五个方面的原因。

两代人之间观念、习惯的差异

朋友莉莉是个非常精致的女人。看她朋友圈，我才真正理解了什么叫作"将日子过成了诗"。

她有写大字的习惯，早起后会在书桌前坐定，静心、磨墨，然后在朋友圈晒出一幅笔走龙蛇的书法作品，日日如此。

她偶尔会喝茶、闻香、读书、插花、磨咖啡，以此怡情。

可最近一次见她，她却有些憔悴。她对我说，前几天，她和婆婆起了冲突，两人你一句我一句，谁也不退让，现在两人已不和对方说话了。

莉莉一向性格温和，在我的印象中，她从没和任何人起过冲突，所以我很好奇她是因为什么和婆婆起了冲突。

她叹了口气，说还不是老问题吗。

婆婆生活节俭，总是什么也舍不得扔。婆婆不但自己节俭，对于莉莉扔掉的垃圾，婆婆也时不时能从中找出一些"宝物"来。

这么几次之后，婆婆就长了心，认定了莉莉不会生活、太浪费。每每莉莉扔垃圾，婆婆都会想方设法"审核"一番，这让莉莉感到很不舒服。可她又不知道怎么说，只是一忍再忍，不满越积越多。看着家里没用的纸箱、瓶瓶罐罐到处都是，莉莉觉得自己用心营造的品质生活、舒适的家居环境彻底被婆婆破坏了！在现在的家，她一秒都不想多待。

而最近她又发现，婆婆居然还会从外面捡回一些她觉得有用的东西，弄得家里更加杂乱。

莉莉实在忍不住了，和婆婆讲起了道理。她和婆婆说的那些话在她看来很在理，也相当克制了，没想到还是激怒了婆婆。

莉莉不解又委屈，与我说着说着，眼圈都红了好几次。

这么倾诉了好久，她渐渐平静了下来。回想起前几天发生冲突时的状态，她说："你知道吗，和婆婆讲道理时，我的身体都在发抖，我实在太生气了。平时的那些不满似乎等不及地要发泄出来，所以，我当时的语气一定不太好！"

"是啊，我也有过这样的感受，因为那时候我们已经处于负面情绪里了。"我安慰她。

"那你说，是不是我当时的状态激起了婆婆的情绪？"她问我，可似乎又并不需要我给她一个答案。

我知道莉莉是个很有想法的人，所以没多说什么。

等我再次见到她时，她的状态好多了，整个人又神采奕奕起来，耳边可爱的耳饰摇摇晃晃，似乎在向我传达最近她过得很不错。

刚坐下来，莉莉就等不及告诉我她的新发现！她说，最近她和婆婆的相处还算和谐。这都是因为她开始懂得为自己划清界限了！

"哦？怎么说？"我回想起上次那件事。

她眼里闪着光，娓娓道来："我发现啊，之前我的模式就是一直忍，忍到自己不能再忍而触到底线时就爆发了！可当我这样做之后，对方往往对我的情绪失控感到莫名其妙，因为之前我从没让她知道过我的界限在哪儿啊！"

莉莉接着说，婆婆的习惯是很难改变，但为自己的生活划清界限却是自己的责任。明白了这一点，她就找机会适时告诉婆婆，家里的阳台、厨房的柜子都是婆婆可以放"宝物"的地方；但在别的地方，她希望东西能少则少，这样整个家才会看起来更整洁有序。

莉莉这么说时，婆婆还是会觉得她事多，有点不高兴。但因为莉莉在表达时的情绪状态是好的，俩人就不至于起冲突。时间久了，婆婆也开始了解了莉莉能接受什么、不能接受什么。在这个问题上，两个人的矛盾也就越来越少了。

听她这么说，我也觉得有道理。有时人与人之间会起冲突，常常是因为我们只设了底线，而不懂得划清界限。平时我们不懂得好好沟通，只是一味忍耐，某天忍不住了，突然发起脾气来，却让对方惊讶又困惑。

与老人合作带娃也是这样，不论在生活上还是在养育中，我们都会不可避免地遇到生活习惯的差异、养育观念的不同。如果于双方来说改变都不容易，那么我们最起码要勇于亮出自己的界限在哪里。

就如《精要主义》①一书的封面文案所说，如果面对一件事，答案不是一个确定的 YES，那么就应该是一个肯定的 NO。如果我们不能勇敢地为自己说"不"，那么也就默许了别人可以来安排我们的生活。

说"不"时，我们要有一些"被讨厌的勇气"，但也要相信，在一次次坚定地亮出界限之后，终究会迎来别人的尊重。

---

① ［美］格雷戈·麦吉沃恩.精要主义［M］.邵信芳，译.杭州：浙江人民出版社，2016.

看不到彼此的付出，关系僵化

去朋友燕子家时，我发现她家的养育冲突已激烈得无以复加。

燕子的妈妈帮忙带娃，非常溺爱孩子。那天晚上吃饭时，燕子让孩子关了电视专心吃饭。孩子不愿意，于是大哭大闹发脾气。燕子妈妈过来开了电视，孩子立马停止了哭闹。

燕子见状，生气地抱怨她妈妈："都是你惯的！你看看孩子现在成什么样了？小小年纪就这么大脾气，我根本没法管！"

她妈妈先是不吭声，随后忍不住地大声反驳："我还不想给你带孩子呢！辛苦不说，错还都在我，我图什么？"

两人你一言我一语，针锋相对，似乎丝毫不顾母女间的情分。

事后，燕子疲惫地向我埋怨："为什么我妈就听不进去我的话？每次我说她几句，她就赌气说不给我带娃！"

如果说燕子母女的矛盾是"放在台面上"明着表达不满，有什么说什么，最起码沟通无障碍，那么还有更多的家庭矛盾则是在暗地里较劲。

一向吐槽起婆婆就停不下来的丹最近告诉我，她最近才发现，这些年她与婆婆一直兢兢业业地做着对方的"差评师"。

婆婆总说丹不会带孩子，说自己当年一边工作一边养大四个孩子都没问题，丹只管一个都管不好。丹却在心里埋怨婆婆不会做饭，永远都只做那老几样，对于一种食材，婆婆只会一种固定的做法，现在她都不想回家吃饭了。

类似这样的相互否定还有很多很多。它们就像埋在日常生活中的

"地雷"，埋得太多，一不小心"触雷"，就会引发冲突。

丹说，她也不知道是谁最先开始看不上谁的，总之两人之间就是这样：当你看不见我的付出，眼里只有我的缺点时，我也不愿看到你的辛苦。久而久之，就形成了一个负向循环圈。

比起丹的分析，我更好奇她为什么突然有这样的觉悟。丹苦笑着说，其实深陷婆媳矛盾的这些年，她与老公的关系也一天不如一天。

婆婆生日那天，丹顺手给婆婆买了件羊绒衫，婆婆一开心，就很用心地张罗了一桌饭菜。老公呢，见妈和媳妇心情都不错，也来了兴致，当晚一家人其乐融融，一起举杯庆祝，气氛出奇地好。

饭桌上，见老公这么高兴，丹都有些恍惚，心想这轻松的笑容真是久违了。也就是在那一瞬间，她意识到：以前她总在意谁对谁错、谁付出更多、谁做得比较少，其实，一家人啊，还是开心幸福才最重要。

于是，她下定决心打破这个负向循环圈，尝试重新认识婆婆。

说实话，这一开始特别难。在她眼里，婆婆简直就是一无是处。可她还是强迫自己每天发现一点。

慢慢地，她发现，原来婆婆每天早上6点就要起床给一家人做早饭，日复一日，真是不容易；婆婆身体不好，睡眠质量很差，但到了一日三餐的时候，她再不舒服也会保证做好；每天晚上孩子到家，婆婆都会想办法给孙子再补补营养……

当看到这些后，她的"感恩"就多了起来，"不满"逐渐褪去。她与婆婆之间的关系也开始由"疏远"转向"密切"。

她惊讶地发现，当自己改变之后，婆婆居然也有了变化。有一天，婆婆竟说："现在的孩子不比以前了，竞争太激烈！我们以前就保证孩子吃饱穿暖就行，你们天天还要操心孩子的学习，真不容易！"

丹感叹："人呀，还真得将心比心。老人就像小孩，我们总说要看见孩子，要多鼓励孩子，我看对老人也是一样的！"

听完丹的故事，我想起了燕子，于是拿起手机给她发微信："阿姨一赌气就说要回老家，有没有可能是因为她的付出很少被'看见'？"

因为期待没被满足，所以心生抱怨

记得还没结婚时去公婆家，我就发现婆婆特别宠爱先生。吃饭时，她会不停地给儿子夹菜，提醒儿子多吃点，但没给我夹过菜。

一顿饭下来，我委屈极了，向先生抱怨："为什么你妈不给我夹菜呢？我还算是客人呢！"

先生能体谅我的感受，但也没办法，因为婆婆一直如此，从我先生小时候开始，婆婆就养成了这个习惯。

如今，我和先生在一起快十年了，婆婆依旧没变，但这件事对我的"伤害"却小了很多。一方面，也许是我习惯了；另一方面，我认为是我开始看清，"想让婆婆也给我夹菜，像关心老公一般关心我"，这想法本身是我对她的期待，也是我心里的一种执念——我认为婆婆应该这么做。

但不管是期待还是执念，都不是什么颠扑不破的真理。

于是我学着将它们收回来，向内看：为什么我会有这些期待？当期待与现实有落差时，我为什么会有情绪？

负面情绪往往是我们内心有所渴求的信号。在这件事上，显然我渴求的是被爱。那如果婆婆没法在夹菜这件事上让我有"被爱、被关心"的感觉，我可以怎样满足自己的需求呢？

我想到了两个途径：第一，在先生给我夹菜或提醒我多吃点的时候，我会感觉很温暖，于是我告诉了他我的感受，希望他再接再厉；第二，我也要爱自己，那么在这件事上，就是喜欢吃什么就多吃点，照顾好自己。

找了这两个途径之后，我的需求得到了满足，心态也平稳了许多。

没有人一定要按照我们的期待去做。我们与其指责他人，不如学会调整期待，自足自爱。当我对婆婆的期待降到最低时，"惊喜"反而来了，随着我和婆婆关系越来越好，婆婆也开始时不时地给我夹菜，有时还会特意做些我爱吃的菜品。

当然，生活中还有另一种可能会困扰我们的情况，与上述所说的完全相反，那就是家人对我们的期待往往与我们真正想要的生活有冲突。

比如，我有个同学，她的婆婆就一直希望她能在家相夫教子，但她很想出去工作。这时候，我建议回到第一点原因所说的，我们要有勇气为自己划清界限，坚定地让别人知道我们想要的是什么。毕竟，我们生命的意义是要舒展地成为自己，而不是在忍耐中取悦他人。

自己内心的冲突再次被引发

朋友颖是个女强人，她生了孩子之后，自己的妈妈还没退休，她就自然把她孩子交给了婆婆带。可最近，她和婆婆的关系愈发紧张了。

她对我说了两件让她特别介意的事。

有时她正忙着手头的一些事，孩子要她抱但她没空时，婆婆就会心疼地抱过孙子，一边哄着孩子一边开玩笑地说："妈妈坏，妈妈不抱奶奶抱！"

晚上孩子一直跟着奶奶睡，作息比较规律，但周末时，颖偶尔想带孩子睡，却怎么哄孩子都不愿意睡。有时颖明明都和孩子说好了，躺床上准备睡时，孩子又会闹着要去奶奶的房间。每每见孙子又跑了过来，奶奶都会开心地说："宝宝还是最喜欢奶奶了！不跟着奶奶就睡不着是不是呀？"

每每听到婆婆这么说时，颖都会觉得特别刺耳。有时她会因此气得整晚失眠，觉得自己真是个失败的妈妈。

我虽没有这样的经历，但特别能理解颖的感受。对于这样的话，估计当妈的听了都会很不舒服。但颖这样能气到失眠的状态，不禁让我想起心理学家曾奇峰说过的一句话。他说："过度反应之下，必有双份的攻击。"

比如，一个全职妈妈在听到女性当经济独立的观点时，如果反应异常激烈，一定要与对方争辩清楚，希望对方明白自己并非不上进，而是生活所迫，那么这种反应往往是因为她本身对自己的现状是不自信的。

结合朋友的事来说，婆婆说的话本身对颖是一种攻击，而颖在这件事上其实暗藏了一种对自己的攻击。这样两种攻击加起来，就格外让人难以消受。

听我说起这个理论，颖突然有了新想法，她赞同道："没错，因为平时陪孩子太少，孩子又不太黏我，我就觉得我这个妈当得不好，总在心里怀疑自己，而当婆婆挑明了说时，我更觉得不能接受！"

是的，如果我们心里没有这个"触发点"，就不容易被别人的话所激怒，我们会觉得别人说的压根儿和自己没关系！所以颖要做的，就是先解决自己内心的冲突，安置好她的挫败感。

颖看清了她的现状：陪伴孩子的时间确实有限；但是，她可以让有限的陪伴变得更有质量。为了做到高质量陪伴，颖想出一个好办法——使用番茄钟，每 25 分钟为一个循环，她要求自己在番茄钟的时间内全神贯注地陪孩子玩。时间到了，她就会放松一下，随意一些。每晚她会尽力保证 2 ~ 3 个番茄钟的陪伴时间。渐渐地，她和孩子找到了属于他们的相处方式，关系也融洽了不少。

渐渐地，颖对自己的自责少了，她觉得自己于生活于工作都算尽心尽力。当婆婆再说起"妈妈不好"之类的玩笑话时，她也没那么生气了。

生活中，我们可以观察一下，自己和家人都分别容易被什么样的话语、观点所激怒，了解对方的负面情绪触发点，避免碰触负面情绪按钮；了解自己的负面情绪触发点，主动扫除负面情绪按钮——我们会发现彼此的关系变得更加和谐了。

欠缺价值感，陷入"杯中风暴"

在《安全基地：依恋关系的起源》①一书中，英国精神分析学家约翰·鲍尔比针对社会的现状批判道："投身于物质商品生产的人会被计入社会的经济指数中，而在自己家庭中投身于培养健康、快乐、自力更生的孩子的人却不会被计入社会的经济指数中。我们创造了一个完全颠倒的社会。"

---

① [英] 约翰·鲍尔比 . 安全基地：依恋关系的起源 [M] . 余萍，刘若楠，译 . 北京：世界图书出版公司，2017.

我深以为然，照顾年幼的孩子需要耗费我们及家人大量的时间、精力，但这部分付出并不能像工作一般被清晰地衡量。那我们的价值感来源于哪里呢？我认为它来源于孩子反馈给我们的爱，来源于因为我们的陪伴，孩子养成的好的行为模式与习惯，来源于家人对我们这份工作的认可与肯定。

可这几个来源都不稳定。孩子不开心时，会大叫"不喜欢妈妈"；孩子不总是乖巧听话，他们有时会打人、会没有礼貌；而家人会时不时因为与我们意见不一而否定我们的付出。所有这些原因都让我们更加欠缺价值感。

在囿于烦琐的家庭生活时，我们的世界有时就小得如同一只茶杯，一点点的矛盾与不如意都足以在我们内心掀起一场猛烈风暴。这时候，只有跳出"茶杯"，看到外面更大的世界，我们才会发现，我们以为的风暴，不过只是一缕微风而已。

最初感受到这点是源于我开始写育儿公众号文章。在写公众号文章之前，我经常会揪着一些日常生活中鸡毛蒜皮的小事生气、伤心，常常对于自己的未来感到迷茫。

后来，因为想给孩子更好的陪伴与教育，我开始阅读各类育儿书，并将自己的读书感悟与思考写成文章发在公众号里。慢慢地，我的一些观点与方法受到了很多妈妈的认同，有的妈妈因此获得了启发，向我表达感谢；有的妈妈向我咨询自己的育儿困扰，寻求解决办法。

这件事让我越来越有成就感。我开始有了自己的目标，不断地读书、学习、写作，每天忙得不亦乐乎，虽然辛苦，但总有新收获。当我在育儿领域持续深耕之后，我便有了更加确定的自我价值感。我的心情好了很多，也无暇再为一些日常琐事而烦恼了。

记得日本岸见一郎在其著作——《被讨厌的勇气》[①]中谈到，我们每个人都归属于不同的"共同体"。我们不仅归属于家庭，还归属于社会。

当我们总陷在家庭矛盾中无法自拔时，不妨问问自己："我们有什么理想？有什么目标？我们喜欢做的事情是什么？"慢慢地，也许我们就会发现，除了家庭，我们还可以归属于"摄影群体""工作上进群体""书法群体""写作群体"……我们可以在这些"共同体"中发现自我，找到价值感。

当然，我并不是号召妈妈们不要把精力放在家庭里，只是提醒妈妈们，家庭并不是我们唯一的"赛场"。与其让别人来当裁判，定义我们是不是有价值的，不如将这把衡量的尺子放在自己的内心。

同时，当我们不再将自身的价值感与家人的认可、孩子的表现完全捆绑在一起的时候，我们就是在给这些关系松绑，也是在给自己的人生留出空间。当我们更开心、自由、放松时，家人也会一样。

写了这么多，也许也有人会说："这些道理呀，其实我也懂，可就是做不到。一想起家里那些事，心里就乱成一团麻。"

我想对这些人说："那就走出去和朋友、倾听伙伴说一说吧！真正的朋友会用心倾听你、陪伴你，递给你纸巾，直到你负面情绪消失。当负面情绪消失时，你自己就会知道你想要什么样的生活，你也会知道该怎样去做，你会真正明白张德芬所说的那句——'亲爱的，外面没有别人，只有你自己'的含义。"

---

① [日]岸见一郎，古贺史健.被讨厌的勇气[M].渠海霞，译.北京：机械工业出版社，2017.